U0066502

瑞蘭國際

京都四神遊

葉育青——著

自序

在京都能夠四處神遊，是自助旅行最高的境界

京都成為我初次自助旅行的目的地，是件非常幸運的決定：首先京都擁有建都二千多年的歷史底蘊，有著文化、藝術、傳統、工藝、茶道、料理……等種種面相可供探索發掘；還有發生在她身上那些可歌可泣、淒美動人的故事，更讓京都充滿著不可抵擋的吸引力。

此外，她是全日本寺院與神社密度最高的地方，單單被選入聯合國教科文組織世界遺產的寺院神社就已經讓人嘆為觀止，更別提一些有特色的小寺小廟更是多到不可數。

京風情、京菓子、京料理，京都為人所知的「京」系列，那種極致繁複、典雅細緻的美，更是讓人趨之若鶩。

自助玩京都的過程中，常常接觸到的自然景觀、人文街景、工匠美食等，都能與我產生互動，讓我留下深刻的印象。

造訪京都，就要放下焦躁不羈的心神，去體會那種優雅與緩慢的美。有個廣告

詞：世界愈快，心則慢。這真真把京都這個有深度的城市，做了最完美的詮釋。

建造京都的桓武天皇，愛慕著大唐的繁華，就連自家的首都也要比照長安，但是長安太大了，不是當時的日本所能仿效的，於是京都縮小了六分之一，可人家麻雀雖小，五臟俱全，長安該有的，京都一律不少。因此四大神獸青龍、白虎、朱雀、玄武奉命守護京都四方。本書仿京都建城之初所依據的地理風水，各章節按照左青龍、右白虎、南朱雀、北玄武的位置來安排書寫，中軸區域乃是舊時京都的皇居勢力範圍，於是用守護獸麒麟當篇名方便讀者閱覽或做旅遊規劃。

謝謝奎珍姐、容瑩老師不吝惜提供日本資訊。

感謝瑞蘭國際出版社，上至社長下到編輯、社員，一本初衷，不計成本，情義相挺。令人銘感五內。

葉育青

目次

清水寺正殿

京都車站的燈光秀

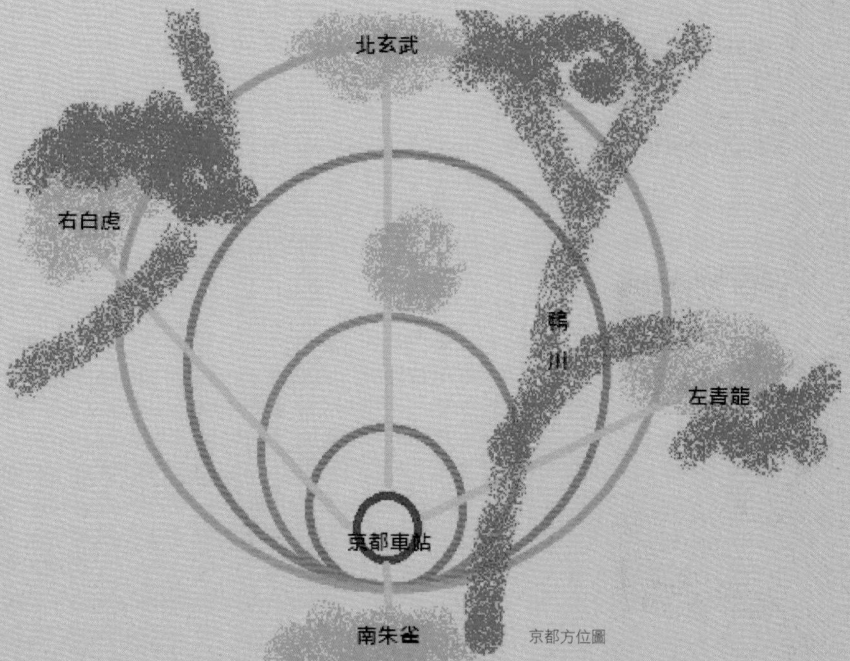

京都方位圖

前章：
自助旅行，剛剛好就好

一趟充滿期待的旅程，總是希望能夠多走多看，最好全部一次就瀏覽完，但是對於京都這樣魅力十足的城市，實在不適合運用這樣的方式。

所以，在京都自助行程中，最好能有個中心目標，比如賞櫻，嘗美食；比如參拜，看祭典。細細品味、慢慢感受，應該才是最恰當的。

01

安排行程
就看時間之神賞賜

京都最棒的地方，就是可以配合時間之神的安排，計畫出不一樣的旅遊行程。不論是一天、兩天的微旅行；還是一週、兩週的中度旅遊；甚至是一年、兩年的 **Long Stay**，都是非常適宜的。

我的京都初體驗是被自家姊姊開啟的。那年她在美國出差，必須從日本轉機回台。對於姊姊，一場辛苦出差的犒賞，就是想在日本放鬆一下緊繃的心情。她問我要不要在日本跟她會合，她想來趟京都輕旅行（照姊姊的意思就是隨意走走）。而當時從沒到過日本，只能操著零零落落簡單的會話日語、不太會說日文的我，突然湧起一股莫名心動，這真是好契機，於是隨身帶著紙筆（不會說日文時，寫漢字日本人也了解），就啟程去日本跟姊姊會合了。

姊姊帶著我在京都車站周邊的大街小巷到處亂晃，從細膩雅致的町屋、氣勢沉穩的寺廟；到親切有禮的京都人與堅持傳承的工匠職人，都讓我那閉鎖的心靈開啟。我彷彿見識到新奇的樂園，整個身心靈雀躍不已，此時才知道原來這世界存在著如此美妙的地方：傳統與創新這兩個絕對的元素是可以和平共處，一點也不衝突。接下來，我發現，不管我想要如何玩，京都似乎都能毫不費力地滿足我的肆遊。

這次的旅行，讓我對京都充滿好感。往後的日子，我就自己壯著膽子，只要時間允許，我就

手繪京都町屋

計劃著不一樣的京都自助遊。可以如此隨興自在，如此流連眷戀，都要拜京都這個迷人的城市，實在太吸引人了。

我常依據停留京都的時間長短來計畫旅行，首先位在左青龍的洛東，是一定要去的。或是換成右白虎的嵐山嵯峨，有時是洛中的二条城、京都御所。最後停留的時間長些，我就可以把計畫圈擴大，神遊到南方朱雀的伏見、宇治，以及北玄武所在的鞍馬貴船神社。當然計畫目標也可能換成各大重要文物的寺院神社，或景致特殊的小鎮。這樣走訪京都，每次都有不一樣的收穫，因此讓我頻頻造訪，樂此不疲。

四季分明的京都，是個依據季節過日子的城市，因為春賞櫻，夏戲水，秋天看楓，就連冬季造訪京都，皚皚白雪相映成趣，也能領略不一樣的京都風情。所以何時來京都都好，只要有要去旅行的心就可以行動了。

手繪京都職人工作坊

02

京都車站
自助旅行由此出發

挑高十一層樓的車站大廳

京都車站，是出入京都的門戶。如果將交通路線比做人的靜動脈，那京都車站就像是心臟般重要。雖然她的地理位置偏南方，但還是要以她為旅行的出發點，放射式地探索這個充滿神祕與知性美的城市。

京都車站有著現代感十足的外觀跟壯闊大廳，長達十一層樓高的手扶電梯像巨龍般臥伏在大廳的兩側，站在手扶電梯慢慢往頂端而上，挑高的天篷讓人視線可以將車站大廳一覽無遺，寬闊的空間讓每天吞吐著上萬旅客的車站，一點也沒有擠迫的感覺。

站在大廳，面向車站外頭，左邊手扶電梯的一旁，是個可多功能運用、階梯式的半開放性場

室外表演舞台階梯

地，而約三樓的地方，有個表演展覽舞台，整個階梯座位一直伴隨手扶梯直到車站頂端，旅客可以隨意選擇位置觀看表演。這個充滿創意的設計，不時提供我在京都可以用很經濟卻又很充實的方式，度過一個午後時光（買個鐵路便當，坐下來一邊享受美食、一邊觀看表演）。

車站手扶梯旁的看板上，會寫上今天的表演或展覽內容，有次我就碰到關西地區的大學樂隊表演比賽，真是可愛極了。各校為校譽、面子，花招百出：有扮演各種卡通人物來表演樂器吹奏的；有一板一眼穿著正式服裝上場的；有的拚人氣，要現場觀眾為他們拍節奏……。而且主持人還會用著興奮到不行的聲調，鼓動現場氣氛，甚至發送選票，要觀眾票選最有人氣的隊伍。我也拿到了一張選票，投下神聖的選擇，能參與這場難得的音樂比賽，真是幸運。

手扶電梯直上車站頂端的大空廣場，可以遠眺東寺（常出現在京都的明信片上，那個有著五層寶塔的寺廟），當然放眼所及的風景裡，最明顯的當屬那個有橘紅帽頂、白色塔身的京都塔。流線型的京都塔是京都的地標，

左：現場氣氛融洽　右：關西地區樂隊表演比賽

京都塔

塔內有飯店、旅館、浴場、商場進駐。三樓還有個開放的空中花園，夏日時光是屋頂酒吧的歡暢園地。進去逛逛，甚至可以登塔遠眺，是很可以消磨時光的地方。

在京都車站頂端有懸空的通道，通道裡面也會不定期展出因應京都各式各樣活動的歷史資料，對於想要了解京都這個有深度的都市的人，可以從此處大致明瞭她的歷史與文化，還滿方便的。

位在車站二樓右側有綜合旅遊中心，通常我一到京都，就會立刻去拜訪她，因為京都作為旅遊城市，不管什麼時候總是會推出一大堆有趣的活動，有時候去那裡還可以獲得一些額外的資訊（比如優惠的交通套票等）。此外，各種你想體驗的課程，如茶道、花道、禪修、和服體驗、彩繪拉坏、製作薰香、享用料理……，還有想參觀的佛寺，想做什麼，想到哪裡，詢問這裡的服務人員一定可以滿足你。

京都車站的規模雖然沒有大城市東京、大阪等車站的繁複，但是忙碌程度絕對不輸他們，車站集結各類交通系統，有機場線、JR線、新幹線、地鐵線、公車線、近鐵線……這些複雜的交通動線真要事前多做一些功課，多收集資料，到京都旅行才能優游自在。

漫遊京都，除了交通幹道必須去親近熟悉外，其他也不可不知。像是車站也跟百貨公司及超級市場結合，旁邊的伊勢丹（日本知名度頗高的百貨公司）更是提供專櫃精品與普羅大眾都能滿足的商品；樓上有拉麵小路可供飽腹，樓下有「歐咪阿給」（禮品）可選購帶回家送人；地下通道更有商店連接，超市，書店……一個京都車站就可以讓人逛到天昏地暗，欲罷不能，更不用提晚上還有階梯的燈光秀。體力不行，車站左側還有提供旅遊商務之用的觀光旅館，以及層次多元的京都劇場讓你可以好好休憩，享受假期。

　這樣功能豐富多元的車站，的確可以為她多花點時間來接觸。

左：十樓有拉麵小路可嘗鮮　右：車站二樓綜合觀光中心

神遊時間

半日

半日、一日皆可。

怎麼到京都車站

大眾運輸

- 在此介紹「日本觀光局」的網址 http://www.welcome2japan.tw/tp/ 進入首頁後點選右上方的「日本由此出發」，只需輸入出發車站名與到達車站名，即可得知鐵路的換乘方式、費用以及所需時間概況。
- Yahoo 乘換案內、時刻表、路線情報的網址 http://transit.yahoo.co.jp/ 可以提供各項自助日本時所需交通資料。
- 出關西機場有巴士直達京都車站。

自行開車

- 機場櫃檯有出租汽車，可憑國際駕照租用。車內有導航系統，輸入京都車站即可。

怎麼到京都塔

步行：京都塔就在京都車站正對面，過馬路（塩小路）即可到達。

登塔展望台售票時間：9:00 ～ 21:00（最後賣票時間 20:40）

參觀門票：大人 770 日圓、高中生 620 日圓、中、小學生 520 日圓。若有 JCB 卡，可以免費登塔。

地主神社求姻緣

第一章 左青龍 神遊洛東

京都的精華在洛東

整個大京都的旅遊行程中，位在東方的祇園、清水寺、銀閣寺，不斷地被推薦與歌頌。彷佛你沒到這些地方就不算來過京都，他們隱然是京都另一個代名詞。

01

歲月有悲歡的 祇園 GION

春華夢露　轉眼成空，
人生盡歡　更待何時。

幕府時代徘徊在祇園裡的藝伎與尋芳客，他們追求物慾，縱情享樂的人生，譬如朝露，短暫而易失。

在當時，這裡是慾望的天堂。燈紅酒綠，淫聲浪語，今朝有酒今朝醉，管他明日身何處。尋芳客浪擲千金，火山孝子流連不悔，皆只為求紅顏一笑，美人青睞。此地是銷金窟，也是墜入人間地獄的淵藪。

從平安朝時代開始，天皇為方便管理諸侯武士與部分平民的生理需求，特別開闢了這樣一個區域，讓他們可以在此縱情聲色，解決需求，換成今日的說法，這裡就是花街柳巷、風化區。

經過時光不斷更迭，這裡早已蛻變成熱門觀光景點。遊客們來此，無非是想一睹當時風靡世人的藝伎風采。

過去的藝伎，也分單表演彈奏的「藝」、跟陪客過夜的「妓」。她們在童稚之時就因家境困頓，被賣至此處；也有因相貌清秀，被掮客拐帶而入。在此慾意橫流的地方，身為讓人玩賞的對象，她們打小就被嚴格教育，從舉止談吐、應對進退、容貌身段、到才藝技巧，無一不是極致雍容、技藝高超，而這些都是為討好客人而日日精進著。

時光荏苒，藝伎的身分已不可同日而語，想要觀看純粹的藝伎表演，得在京都高檔料亭的包廂，還必須特別預約，否則就只能看到一般剛出道、在街巷中行走的年輕藝伎。

就現在來看，一個藝伎的養成，需要下的功夫很深，那種磨練絕不是我們所能想像的，而且還要吃得了苦，才能成就塗得臉白白的藝伎資格。

神遊時間
約1-3小時

可長可短，半日也可以，若要穿著和服搭配清水寺一遊則需一日。

怎麼到祇園

大眾運輸

- 由京阪電氣鐵道京阪本線「祇園四条」站徒步約 5 分鐘即可抵達。
- 由阪急電氣鐵道京都線的京都本線「河原町」站徒步約 8 分鐘即可抵達。
- 在 JR「京都」站搭市巴士 100、206 號，在「祇園」站下車，徒步約 1 分鐘即可抵達。
- 地鐵東西線「東山三条」站往祇園方向走約 10 分鐘路程。

自行開車

- 在名神高速道路「京都東交流道」下高速公路，約 15 分鐘即可抵達。

看我年紀小，一樣贏你

在京都市內要前往祇園，開車都必須從京都車站往北走五条通再向東走，而穿過河原町通時，就會看到在鴨川上的五条大橋。這座橋很現代，但是橋頭前方的弁慶與牛若丸像，卻很戰國。石像的故事描述日本戰國時代號稱「戰神」的源義經與武藏坊弁慶相遇的情形。

五条大橋前的弁慶與牛若丸像

弁慶當時在舊五条橋（今松原橋）上找人挑戰，要達成擊退千人而不敗的目標。當他遇到年幼的牛若丸（就是後來的源義經），他以為找這小子挑戰，就能完成他的目標。沒想到才十一歲的牛若丸痛打了弁慶一頓，弁慶敗得不甘心，相約清水寺再戰，結果仍然無法改變被義經打敗的事實，最後就臣服源義經，追隨義經打天下，成為戰神最忠心的部下。

源義經跟弁慶之後在京都還有種種有趣又感人的故事，我在京都到處晃，隨便都會碰到當時故事發生的場景，這裡就暫且打住，靜待下面章節再分享。

祇園祭主角：八坂神社

京都的八坂神社，佔地面積雖不大，但卻是全日本所有八坂神社的總本社。祇園則圍繞在祂的週邊，範圍大約在四条通與五条通中間地帶。京都三大祭典中的祇園祭，就是在八坂神社整裝待發的。

神社的香火鼎盛，人氣居高不下是京都重要寺廟之一。八坂神社裡供奉的主神是素盞鳴尊，祂的法力高強，個性卻十分暴躁情緒化，常常到處惹事生非，是個令人頭痛的的神祇。又因祂慣以牛頭人身的造型出現在世人眼前，所以又被稱為牛頭天王。

古書記記載，素盞鳴尊因性情多變，且不服兄姊給祂的諸多限制，於是大鬧天地，搞得四處瘟疫不斷，民不聊生。現今，每年盛夏所舉行的祇園祭，就是為安撫牛頭天王而舉行，希望祂不要作怪，降下瘟疫擾亂人間。

祇園祭也是日本三大祭典之一。祭典前後，會吸引將近十多萬的觀光客前來參與。整個七月，都是祭典活動的歡愉場面，其中七月十七日的前祭與七月二十四日的後祭，都有「山鉾巡行」，是祭典中的最高潮。這個時候整個四条通會封街，讓參與祭典的觀眾能夠很安心參加節慶活動。如果能夠躬逢其祭，一定會感染到這種讓人血脈賁張的熱情。而且一到夜晚，整個八坂神社更是燈火通明，被一片紅通通的燈籠包圍。這些燈籠都是祇園

祇園的精神寄託——八坂神社

上：八坂神社的西樓門
下：八坂神社的麻繩銅鈴

的店家所奉獻的，自然誠意十足，互拚人氣與財力。

當然最受當地居民期待的是八坂神社從除夕到元旦的「初詣」。所謂的「初詣」，就是新年第一次到寺廟或神社參拜的意思。這段時間，西樓門（註一）前的四条通上會擠滿人，那個場面，應該比國慶日的閱兵典禮來得更壯觀吧。

到神社參拜是一項有趣的活動，我都是觀察前面參拜者的動作，再模仿他的流程，這樣剛開始也許很不自然，但參拜的次數多了，動作也就流暢多了。

一般的神社參拜，首先是要淨手淨口。神社門口有「御手洗」一處，用木杓接水分別淋洗左右手，然後再接水到手上，以口就水漱口，就禮貌而言，輕沾一下嘴即可，千萬不要吐出來。

參拜要恭敬地站在神龕前，先鞠躬一次，然後投入香油錢（約兩百日圓）並搖動麻繩上方的銅鈴，這動作的意義，有點像是到別人家拜訪要按門鈴一樣。

上：円山公園的攤位
下：円山公園的櫻花季節

接著再鞠躬兩次，合掌拍兩下，喚醒神社，再合掌低頭，誠心祈禱。祈禱完後，立正九十度鞠躬，離開，這樣就是很有禮貌地完成參拜了。

八坂神社的後方連著的是円山公園，每到節慶或是連假日，整個公園瞬間轉成廟會模式，所有日本傳統的攤位，一個接著一個，連綿不絕，把整個円山公園包圍得水洩不通。尤其在櫻花季節，円山公園裡的那株百年櫻王盛開時，其垂枝造型，氣勢恢弘，吸引滿滿人潮爭睹，這時只恨自己長得不夠高不夠壯，無法擠到前頭欣賞，只能被逼得遠遠觀看，真可謂美中不足啊！

（註一）在八坂神社之「西樓門」有個傳說：西樓門造型特殊，不結蜘蛛網，即使下雨也不會在門身留下雨水的痕跡。

神遊時間 約30分

可長可短，大約走玩需30分鐘。

怎麼到八坂神社

大眾運輸

- 在 JR「京都」站搭市巴士 100、206 號，在「八坂神社」站下車，徒步約 1 分鐘即可抵達。
- 由阪急電氣鐵道京都線的京都本線「河原町」站徒步約 8 分鐘即可抵達。
- 由京阪電氣鐵道京阪本線「祇園四条」站徒步約 5 分鐘即可抵達。
- 地鐵東西線「東山三条」站往祇園方向走約 15 分鐘路程。

自行開車

- 在名神高速道路「京都東交流道」下高速公路，7 公里約 20 分鐘即可抵達。

地址：京都府京都市東山區祇園町北側 625

營業時間：全年無休。

鍵善良房的「葛切」

前往八坂神社的四条通，是條充滿京都風味的街道，所有具有京都特色的吃食、用品，都可以在這條說長不長的街道找到，而且店家大都是具有百年歷史的老店，可以說是貨真價實絕不讓人踩到地雷。

其中，我特別要推薦的就是被各大雜誌、旅遊書介紹的「鍵善良房」。他採預約制，以免大排長龍的熱鬧景象擾人用餐。簡約隱晦的大門，用大大的紅布幔遮著（有時則是白色的布幔）。拉開門簾進去，店內採深暗色的裝潢，營造沉穩優雅的氛圍。加上櫃檯後方展示當時創業的生財器具，懷舊而典雅，會讓人誤以為自己到了高級私人會所。

等到服務人員為我帶到指定的位置後，眼睛才漸漸適應這種幽暗的光線。往臨窗的座位望去，戶外是個小型而雅致的庭園，對照外頭的亮再回過身坐下來，這時我的心已經從外頭那車水馬龍的繁忙景象，像電影情節般回到清幽的綠野，心跳的煩躁與不安，隨著店內細細的話語

鍵善良房的燈籠招牌

聲，慢慢緩和下來，自然地融入其中，我彷彿本來就坐在這裡似的，一點違和感也沒有，這是鍵善良房給人最大的驚奇，如此氣氛的營造，實屬上乘。

接著服務人員會依據季節奉上涼飲或熱茶，這也是一種很自然的體貼，而且他們會靜靜待在一旁，等客人緩過氣來才細心地介紹店內點心的特色，我當然是點了份他們最高人氣的「黑糖葛切」。

稍待片刻，送上來的葛切，用特殊的三件式綠色容器裝著，打開蓋子，第一層裝著黑糖蜜，甜甜的淡香慢慢鑽入期待的嗅

鍵善良房的大門

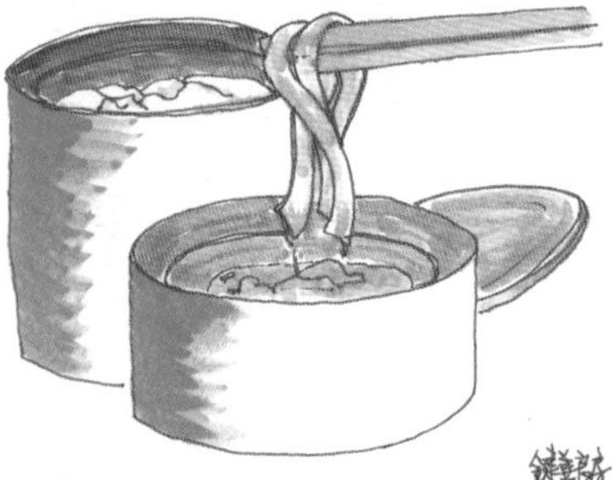

黑糖「葛切」

神遊時間
約50分
可長可短，用餐時間大約需50分鐘。

怎麼到「鍵善良房」

步行：從八坂神社西樓門前的四条通右方行走，徒步 5 分鐘。

地址：京都府京都市東山區祇園町北側 264

營業時間：9:00 ～ 18:00（最後點餐 17:45），星期一是休息日，不要白跑了。

覺，移開黑糖蜜，下方冰鎮著的，就是令人銷魂的葛切。

「葛切」使用葛粉，做成像涼粉般半透明條狀物，因為是日本當地所產的，所以口感更細膩，Q度更有彈性。享用時，一手端著黑糖蜜盒，一邊用筷子將葛切撈起，放入黑糖蜜中沾蜜，然後像吃蕎麥涼麵般，滑入嘴裡。滑潤清爽的葛切，配上黑糖的濃烈，無疑是最佳搭檔，高雅的味道強烈地吸引著讓人食指大動，停不下來。葛切的口感比想像中更誘人，一下子就被送入五臟，徒留黑糖蜜淚流滿桌（吃相太不優雅了）。

就是這樣很京都的甜食，讓人念念不忘，一次次的光臨，彷彿每一趟來京都是專程為他。

花見小路 漫漫悠悠

花見小路是祇園裡最美的一頁詩篇，紅與黑是這裡的主色。排列工整、街巷有序的建築群裡，處處穿插著花花綠綠的鶯鶯燕燕，她們充滿生命的色彩，無疑是最吸引人目光的，讓人目不轉睛緊緊跟隨。

這時若想像她們那樣穿著優雅動人的和服，走在祇園、清水寺，感受那清雅閒適的風情。那麼別擔心，不管男女老幼，只要你想你願意，通往祇園、清水寺的路上，就有許多服飾店提供各種款式、各種花色符合你期待的和服。穿著和服走在這個有著幕府時代街景的花見小路，雙腳套上白色的襪套踩著木屐，讓人走起路來晃晃悠悠，更增添一股平安時代的風情。

花見小路

花見小路裡造型優雅的傳統日式建築群，也被列入「歷史景觀保全修景地區」。旅人走在其中，彷若穿越時空，來到江戶時代。

這裡也有很多料亭是京都百年老店，有些店家有著「一見さんお断り」（謝絕初次來訪的客人）的規定。對於注重禮節的京

右：租和服處
左：有專人服務穿和服

都人，他們有著對自家品牌的一種執著，擔憂不認識的客人，有可能因不熟悉而產生誤會，所以一般都是由熟客帶著進入，然後再慢慢建立關係。

但是做為觀光大城的京都，怎麼可能如此怠慢遠來的客人？從日常的吃食到高檔的料亭，還是有很多店家細心準備各國文字的菜單，甚至拍下餐點畫面放在菜單中，讓客人可以安心點餐，慢慢挑選、細細品嘗。

番外篇

穿和服時的小提醒

- 女士第一次穿和服要注意的是，和服有裡三層，外三層之分。所以在第一次綁繩結時最好能寬鬆一些，不然接下來衣料層層疊加，會讓人喘不過氣來。
- 選擇和服的花色，當然是以季節做為考量最好。
- 頭髮盤上去會比放下來還高雅、美觀，不習慣盤髮的人還是要接受。

花見小路底的建仁寺

神遊時間

約50分

可長可短，來回時間大約需50分鐘，若有停留吃食則視情況而定。

怎麼到花見小路

大眾運輸

- 由京阪電氣鐵道京阪本線「祇園四条」站徒步約 5 分鐘。
- 由阪急電氣鐵道京都線的京都本線「河原町」徒步約 8 分鐘。
- 地鐵東西線「東山三条」站往祇園方向徒步約 15 分鐘。
- 在 JR「京都」站搭市巴士 100、206 號，在「祇園」站下車，徒步約 1 分鐘。

自行開車

- 在名神高速道路「京都東交流道」下高速公路，約 15 分鐘即可抵達。
- 由 JR「京都」站開車約 15 分鐘即可抵達。

地址：京都府京都市東山區祇園町

京都第一的箱壽司

位在八坂神社對面的商店街，有家以「箱壽司」聞名的「いづう」，他們的招牌是鯖姿壽司。相傳在舊時的京都，因地處內陸，吃海魚極其不便。為了讓身在宮廷中的高官貴族，也能享受到新鮮的漁獲，於是有了箱壽司的研製。

箱壽司是一種做工繁瑣的料理，當捕獲既新鮮又昂貴的鯖魚時，生魚片師傅會先將魚的內臟清理乾淨，然後浸潤自家調理的醬汁醃製，接著再用飽含海水氣息的昆布，包裹醃製好的鯖魚跟醋飯，然後放入長方型的箱中壓實。醞釀一段時間後，醬汁混合著昆布的香氣會一起被吸入鯖魚的肉片裡，並與醋飯緊緊相擁，彼此產生出一股令人無法言喻的情感。

當我們打開昆布包，就可以聞到那濃濃的香味，細看鯖魚已經由生澀轉化為成熟的穩重，緊

上：「いづう」的店面
下：「いづう」的毛筆手寫訂位單

緊地圈住那被壓實的醋飯，再也無法分離。接著就如殉情般被送入饕客的嘴裡，經過咀嚼後，鯖姿壽司瞬間在唇齒之間昇華了。這真是人間無以形容的美味啊！雖然有些人還無法接受這樣的味道，但他的確是一種很難得的料理，比起漁獲取得容易的大阪，京都的箱壽司滋味更加優雅厚重。

坐在餐廳裡吃的箱壽司，因為名氣，所以價位難免高了些。這裡我也推薦他們小小方方的壽司塊，恰恰是一口的份量，但是味道絕不輸鯖姿壽司，而且價格更親民。只是他們的座位不多，並沒有提供寬裕的空間給客人，若為荷包考量，倒是可以買一份外帶壽司到八坂神社內的円山公園，坐在園內一邊欣賞風景一邊慢慢享用美味。

右：「いづう」的名品鯖姿壽司
左：「いづう」的方塊小壽司

神遊時間
約50分

視排隊人龍長短而定，用餐時間大約需50分鐘。

怎麼到「いづう」

步行：

- 從八坂神社西樓門前的四条通右方行走，徒步 1 分鐘。
- 從花見小路路口走到對面，徒步 1 分鐘。

地址：京都府京都市東山區祇園町北側 264

營業時間：9:00 ～ 18:00（最後點餐 17:45）

「いづう」本店相關資訊：需現場寫名排隊，不接受預約。

02

四季皆風情的
清水寺
KIYOMIZUDERA

春櫻　夏露　秋楓　冬雪
四時更迭　聚散清水寺

京都的東山清幽俊秀，桓武天皇建都時，看上的就是這座有左青龍之姿的東山。這塊風水寶地早在西元七七二年，就被延鎮上人相中，在東山邊上破土建清水寺，寺中供奉千手觀音為其主神。

清水寺不但是北法相宗的大本山，也是聯合國教科文組織列名的世界文化遺產。清水寺在京都可是與北山的鹿苑寺、嵐山的天龍寺號稱京都三大寺，是座鼎鼎有名、地位無可替代的寺院。

清水寺的主建物是以棟樑結構的方式架在山邊上。主殿寬十九公尺，深十六公尺，最為人稱道的就是殿前懸空的「清水舞台」。此舞台由一百三十九根高數十公尺的大圓木支撐，完全沒有鐵釘，純粹是以卡榫接合搭建，就當時的技藝與工法，結構可謂精確巧妙。以六層巨大檜木所架構的主建物大器寬宏，直到今日仍堅實不朽，更是令人嘖嘖稱奇。

清水寺的國寶——清水舞台的基座

寺門口擺放著鐵鑄的降魔杵與鐵木屐，遊客都想試著提起，但實在是太重了，從來沒有人成

上：清水寺的垂櫻
下：清水寺的降魔杵與鐵木屐

功過，很難想像能夠舞動降魔杵和穿鐵木屐的人是個怎樣的大力士。

在春天櫻花盛開之際，位於地主神社的「車返しの櫻」，她富有盛名的美曾令許多人著迷。據說當時的嵯峨天皇看到這株地主櫻，就念念不忘，居然還要侍從再駕車返回去看她，可見她的身姿之美，連天皇貴冑也擋不住。

四季分明的京都，與台灣亞熱帶的氣候，給人截然不同的感受。來清水寺最能領略這種鮮明的氛圍，尤其站在清水舞台放眼望去，春天粉嫩討喜的吉野櫻，夏天夜色涼爽的珠露；秋天滿山楓紅似火，到了冬天又是銀白世界細雪輕飛，這些景致坐在清水舞台觀看更能心領神會。

年華正盛的小妹

神遊時間 30-90 分

怎麼到清水寺

大眾運輸

- 在 JR「京都」站搭市巴士 100 或 206 號約 12 分鐘，在「五条坂」站下車，徒步約 15 分鐘即可抵達。
- 在阪急電鐵京都線的京都本線「河原町」站或是京阪電氣鐵道京阪本線「祇園四条」站轉搭市營公車 207 號，在「五条坂」站下車，徒步約 12 分鐘即可抵達。
- 八坂神社往清水寺方向走約 10 來分鐘。
- 由 JR「京都」站八条口乘坐計程車約 15 分鐘即可抵達。

自行開車

- 在名神高速道路「京都東交流道」或「京都南交流道」下高速公路，約 30 分鐘即可抵達。

地址：京都府京都市東山區清水 1

參拜費用：日間參拜大人 300 日圓、學生 200 日圓
夜間特別參拜大人 400 日圓、學生 200 日圓

我歌且舞 清水舞台

站在主殿前的清水舞台，遠眺東山四季分明的景致，一幕幕的往事浮上心頭。那年青春正盛的小妹跟著我一起肆遊京都。如同我一般，妹妹也愛上這迷人的古都。當時她就站在這清水舞台，張開雙手不斷地興奮旋轉，然後歇停喘著氣跟我說，下次還要再來。沒想到，回到台灣後，妹妹就開始她人生的一連串忙碌：畢業、就職、戀愛、結婚、生子，然後像彗星一樣，倏忽離開了我們，再也沒有踏上這裡。

照片裡的她永遠是青春洋溢的，清水寺提供了她揮灑青春的舞台，處處都有她美麗的倩影，也讓她在人生最無憂的時刻，留給我最美的回憶。

每次我站在這裡，腦海也上

演著自己的人生，彷彿這舞台有著神奇的魅力，讓人忍不住想要歌舞一番。身旁隨時都有絡繹不絕的觀光客，但絲毫不影響我腦內的劇情鋪陳，這樣的清水舞台值得我一再上場。

地主神社
占卜戀情

在清水主殿的後方，順著一列斜斜的階梯往上走，就能到達地主神社。地主神社是祭祀保佑家內平安的「拔除門大神」及給人幸福的「幸福羅」神，當然還有掌管戀愛的「大國主命」。

神社前方的地上擺放了兩個大石頭，兩塊石頭相距約十來公尺，神社給的說明是：想要占卜戀情成果的人，要從一邊的石頭，閉上眼睛走到另一顆石頭。如果碰到了，那戀情就會修成正果。如果是藉由朋友幫忙才碰到也沒關係，表示戀情需要彼此再加油，多靠朋友「牽成」，總是能成功的。

這跟現實的人生滿相近的，哪有兩人一見面就如膠似漆？往往是不斷地磨合才能踏上紅毯。但是身邊沒有伴侶的、沒有對象的，神社也很貼心地提供了尋覓良緣的方式。就是奉上香油錢，然後誠心地把心儀的對象寫在卦紙上，之後在其中一顆石頭處，閉上眼睛轉三圈後，不可打開眼睛，直接走到另一顆石頭，如果碰到了另一塊石頭，那就良緣得願，把卦紙綁在姻緣樹枝上，一定能成；不然就得早早換人，以

上右：戀愛之神，地主神社　　上左：占卜戀愛的石頭
下：祈求戀愛順利的少女

右上：人形除厄籤　中：按照例圖，寫上名字就可以了　下：寫好名字放入水中，化掉了也就厄除了
左：保佑平安——拔除門大神

免耽誤青春。

這樣有趣的占卜方式，受到了大家的注意，我記得有家化妝品公司也是請來大牌歌星拍了這樣內容的廣告。因此，地主神社就變成戀愛神社了，實在有趣。旁邊的商鋪裡還有賣著「戀愛症候群」的糖果包，包裝就像一般診所藥袋一樣，有創意極了。不過這商品很暢銷，我有好幾次都沒看到，應該是觀光客太多所以賣到沒貨了。

其實，地主神社十分靈驗的，尤其是祈求家內平安。我每次到清水寺，一定走訪地主神社，拿起降魔拂塵揮一揮，投入香油錢，供桌旁邊有一堆剪成小人的白紙，拿一張寫上自己的名字，然後放到水盆。等到小白人化為紙屑融入水裡，那災厄就解除了，我也安心了。

神遊時間　約30分

可長可短，占卜時間大約需30分鐘。

怎麼到地主神社

步行：地主神社在清水寺後方，必須通過清水寺才能到達。

【夜間特別參拜時間】
3月14日～3月23日、3月29日～4月13日、11月14日～12月7日：18:30～21:30
8月14日～8月16日：19:00～21:30
12月31日：22:00～整夜
1月1日：整夜～隔天

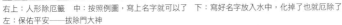

音羽瀑布的三道飛泉

清水寺的音羽瀑布

從清水舞台旁邊的樓梯拾級而下，可以看到那鏤空、結構精準的木椽架子。從下方抬頭往上眺望，更顯得清水舞台的設計大膽有創意，突出於山巔，巍峨雄偉，令人讚嘆。

這時突然有潺潺的流水聲傳入耳中，原來旁邊的山巖，有三股飛泉，懸空而下，下方的亭子裡，擠滿人潮，隻隻木杓迎空接泉，然後恭敬有禮地送入口中。此乃以「黃金泉」聞名的清水寺音羽瀑布，三股泉眼乃取「福祿壽」之祥意命名，希望喝了泉水能夠福氣滿盈、學業事業順利、長命百歲。原來日本人深受大唐文化影響，處處也講究風水討喜之說。

這當下，我也按照清水寺參拜的規矩，用木杓一一接過泉水，放在手心中喝下，希望能沾沾大和民族的好彩頭。

紅傘下的抹茶甜點

我第一次在京都的道路上見到大大的紙傘，紅艷似火，張揚而顯眼。傘下放置著一長方座椅，搭配著織法典雅、色澤大方的椅墊，對比和諧的景致就靜靜地立在路旁。這樣如詩的畫面，

就是這種京都風情，令人神往

與京都的四季變化總是如此相襯，初春垂櫻的樹下，盛夏的蟬聲邊，深秋落楓滿滿的地毯，當然還有冬日那殘雪覆蓋傘頂的淒美景象。

這可是京都才能營造出的雅致。我第一次坐在傘下的長椅上，原是貪圖她的風情想來拍照留影，沒想到她彷彿有著魔力般吸引住我。等回過神來，身旁已佇立著嬌俏的身影，輕輕地遞上手巾，並為我奉上茶單。

原來是點心舖子，我點了濃綠的宇治抹茶，與應景的和菓子。就在傘下十分優雅地享用起來。

京都是個用季節過日子的城市，和菓子的美麗裝飾也順應季節的變化：春天有時是可愛的小兔造型搭配粉紅的耳朵；夏天是清爽的涼糕，卻有著美麗的三層顏色；秋天是橘紅的楓葉餅；冬天則是暖烘烘的抹茶搭紅豆泥的白玉糰子。

當然各家各有所專門，但我喜歡在清水寺旁的茶屋裡享用茶與和菓子。一來視野好，二來價錢公道。當然有名的茶屋還有獨特的庭園造景，搭配和菓子師傅匠心獨具，做出超有創意與巧思的點心，這也是京都能在和菓子的競賽中凌駕各大城市的原因。如果預算充盈，的確應該去體驗享受一番，畢竟這是京都才有的「奇檬子」。

清水寺附近的忠僕茶屋

優雅穿著和服感受京都的風情

清水年坂 處處風雅

我が愛は
三年坂の中あたり
己を捨てて
日々祈りける

——抄錄自店家「忘我亭」

不管是從八坂神社或是從清水道往清水寺走去，一定會通過二年坂、三年坂，而這也是我初識京都時，認為最能代表京都的地方。因為在此處，是我這輩子第一次看到如此多人穿著和服走在路上：有打扮嬌氣、跟著父母前來參拜的花漾少女；有時是三五成群、穿著盛夏浴衣嘻嘻哈哈互相打鬧的年輕男女；也有打扮登對、相親相愛來此遊玩的情侶；幸運的話，還能看到臉上塗滿白粉穿著正式的年輕藝伎。

二年坂、三年坂（產寧坂）（註二）外加「ねねの道」有著很純粹的京都味，穿著和服行走其間反而覺得十分恰當。這裡因地形之故，有彎彎曲曲的石板道，不時還有錯落有致的階梯，兩邊的商家更是把舊時京都的建築風華盡數展現在世人眼前：設計典

左：塗著白粉臉的年輕藝妓　右：在清水年坂搭乘人力車也是不錯的選擇

貓咪專店，從日常用品到輕巧小物，都是貓咪造型

雅的料亭、活潑有趣的商店廣告、令人愛不釋手的紀念品、好吃的糕餅鋪、雅致的香鋪、讓人目不暇給的清水燒……在在豐富了二年坂跟三年坂。

在這裡，時間是不夠用的，還要有非凡的定力才能脫身而出。很不幸的，不管是拍照還是購物，我都在此沉淪不已，一次次讓自己身陷其中，直到夕陽西下，商店打烊。

（註二）「三年坂」，是坂上田村麻呂於西元八〇八年（日本大同三年）開闢的街道，因該街道通往祈求生產平安的「子安塔」又稱「產寧坂」。相傳走在產寧坂，要特別小心，一旦跌倒，是會縮短三年的壽命。其實，這是日本人特有的心意，無非是希望孕婦在前往子安塔祈福時要當心斜坡，避免摔跤，影響胎兒。萬一跌倒的話，也可以到石頭階梯最下面的「葫蘆屋」進行補救，因為葫蘆有「即使倒了也會自己爬起來」的涵義，所以帶上這裡的葫蘆，既可保命又可消災解厄。

上右：石塀小路
上左：ねねの道
下：京都名物京扇子，作工精細是一絕

神遊時間
約60分
可長可短，走完大約需60分鐘。

怎麼到清水年坂

大眾運輸

- 在 JR「京都」站搭市巴士 206 號約 10 分鐘，在「清水道」站下車，徒步約 10 分鐘即可抵達。
- 由京阪本線「清水五条」站徒步約 20 分鐘即可抵達。

03

清靜和寂的銀閣寺

GINKAKUJI

琵琶疏水櫻花道
彷若仙境落凡塵
將軍心願猶未成
獨留銀閣在人間

從八坂神社往北走順著祇園白川，就會來到平安神宮，再沿著神宮前的岡崎道右轉，接著向北前行，就會碰到法然院，繼續往北而上，就是以靜寂著稱的銀閣寺。通往銀閣寺前的疏水道因充滿濃濃的哲學人文氣息，也是我最愛的漫遊路徑之一。

走在銀閣寺裡，時間似乎有了短暫的停滯，一切的景象，像是電影長鏡頭的運鏡，緩緩地移動著，我恍然如夢遊般走著，那樣的經驗很奇妙。

就算見到了那國寶級的銀閣寺，似乎也很不真實，想像中的銀閣寺應該是如金閣寺那般輝煌才是，為何卻樸實如山間小寺呢？

上：白川疏水道　下：平安神宮

原來建造她的是幕府將軍足利義政，將軍是個花錢如流水的享樂主義者，本就打算用銀箔裱褙上去，來跟祖父輩的金閣寺相互輝映。沒想到銀閣寺尚未完工，他老兄就去世了。這下空蕩蕩的府庫當然沒辦法讓他的夢想持續下去，只好留下這充滿清靜和寂寥的銀閣寺。

其實銀閣寺的建造規模十分完整，假山上有以枯山水聞名的銀沙灘跟向月台，下方有以錦鏡池為軸心的庭園造景，堪稱是東山文化的先驅。只是風采還是被北山的金閣寺給搶走了，真是印證了清靜和寂之名啊！

清淨和寂的銀閣寺

神遊時間

約30分

可長可短，時間大約需30分鐘。

怎麼到銀閣寺

大眾運輸

- 在 JR「京都」站搭市巴士 5 或 17 號系統約 25 分鐘，在「銀閣寺道」下車，徒步約 7 分鐘即可抵達。

自行開車

- 在名神高速道路「京都南交流道」下高速公路，8 公里約 40 分鐘即可抵達。

地址：京都府京都市左京區銀閣寺町 2

參觀時間：3月1日～11月30日：08:30～17:00
12月1日～2月28日（29日）：9:00～16:30

門票：大人 500 日圓、學生 300 日圓

白川邊上的辰巳大明神

從祇園「鍵善良房」旁的小巷，鑽進來就會來到花木扶疏、小橋流水的祇園白川。在這裡可以看到最道地的京都，紅燈籠、格子窗、竹籬笆、臨水小窗，還有沿著白川的柳樹跟櫻花。

白川上美麗的粉櫻

京都人善於營造生活的品味，春有粉櫻，夏綠柳，秋染紅楓，冬吹雪。這個小小的區域，被當地政府列入「重要傳統建造物群保存地區」，保護著許多京都特有的町屋。町屋造型典雅有致，沿著白川隨意而行，處處皆是風情。

其中有座小小的巽橋，就這樣簡簡單單地跨在白川上，但是他的周遭可是超高人氣的拍照場景，原因無他，就是一種純天然的京都味。拍照時搭配巽橋周遭的景致，很容易就能抓到京都的感覺。

白川上的巽橋

巽橋的斜對面是辰巳大明神的神社。小小的鳥居，搭配著不起眼的神社，很容易被人忽略，但卻是祭祀龍神的神社。龍王掌管水資源，日本又是個多神崇拜的民族，所以敬天畏地，當然對龍神很是虔誠。

「神隱少女」裡的白龍，想來也是從此發想的吧！我的生肖屬龍，對此間神社特別感到親切，只要來此，必拜神問安，求此行順利平和。這跟我們對土地公的敬愛虔誠是否有異曲同工之妙？

辰巳大明神

神遊時間
約50分
可長可短，愛拍照的時間大約需50分鐘。

平安神宮的櫻花盛宴

走在白川上的疏水道，兩旁粉櫻綠柳，這樣悠閒地往北走著，是一種視覺的享受。不用多久，左前方就會看到神宮道，寬廣的神宮道，從遠遠的地方就會看到那大得很不自然的紅色鳥居，鳥居的後方就是平安神宮了。

平安神宮是京都居民，為紀念創建京都的桓武天皇而興建的大型建築群。並以平安時代為名，重現一千多年前平安朝當時天皇的居所。

神宮道上最引人注目的就是那高大巍峨的紅色鳥居，巨大的身形把整個平安神宮烘托得有如神的居所。暮春時節，我趕上櫻花盛開的時刻，站在橋上看向護城河兩岸，紅枝垂櫻碩大豐美，宛如九重天上櫻花瀉地般的壯觀，讓我直呼「哇」，感謝上蒼的眷顧，讓我也能看到這美得不像人間的景致。

穿過應天門，入眼就是那以綠瓦、紅欄、白牆為主色的太極殿，搭配殿前廣垠的白砂地，顏色對比如此強烈，頓時對日本人

平安神宮表參道上的大鳥居

大殿前的平安紙籤

神遊時間
約30分

可長可短，走完大約需30分鐘。

怎麼到平安神宮

大眾運輸

- 在 JR「京都」站搭市巴士 100、110 號，在「平安神宮前」站下車，徒步約 5 分鐘即可抵達。
- 由京阪電氣鐵道京阪本線「神宮丸太町」站徒步約 5 分鐘即可抵達。
- 地鐵東西線「東山」站往神宮方向走約 10 分鐘路程。

自行開車

- 在名神高速道路「京都東交流道」下高速公路，9 公里約 25 分鐘即可抵達。

地址：京都府京都市左京區岡崎西天王町

參訪費用：平安神宮自由參觀
神苑：大人 600 日圓（團體 550 日圓）
小孩 300 日圓（團體 250 日圓）

的美學有了另一番體會。跟一般寺廟神社的用色低調沉穩不同，這裡的神宮美輪美奐，彷彿海市蜃樓真實顯現在眼前，卻又美得很不真實，而且神祕得令人想一窺究竟。

有一次，我有幸看到神宮正舉行日本傳統的婚禮儀式。一列穿著古制服裝、黑帽白袍的神官，最前方的侍者舉著各式家徽的旗幟，接著是提著香爐一路薰著香的侍者，然後是主神官手拿著像是如意的神器，一路引領著身穿黑白服的新人，慢慢地劃過廣場。新人前方紅色的大紙傘，閃動著婚禮的莊嚴與喜氣。而站在大殿前穿著「白無垢」的新娘，則是嬌羞地偎著穿著黑色羽織的新郎。這畫面令在場觀禮的人一片肅然，耳邊只有神官喃喃的禱頌聲，以及木屐在白砂地發出的沙沙聲。

看著這神聖的一刻，想像人生道路上的轉折點，新人也藉由如此隆重且繁複的婚禮，感受新的生活即將開啟。

平安神宮的左青龍御手洗，右邊則是白虎

哲學之道上參悟人生

我思，故我在

——笛卡兒

位在琵琶湖疏水道的兩旁，夏有柳蔭，秋擁楓紅，春飛櫻，冬是雪。這四季分明的場景，最受京都大學哲學教授西田幾多郎的青睞。他每每愛在此地參悟事理，或是帶著學生信步而行，來段師生間無距離的對談。談話的內容不重要，重要的是他給學生營造了一個很棒的思考環境。

這樣的用心，大家都感受到了，於是哲學之道就此孕育而生。今日我們行走其間，如果不反思一下宇宙人生的道理，似乎有違當初教授的用意。所以我用了最簡單的引導法，「我思，故我在」，這樣的切入，應該很容易上手吧！

其實，也不用太嚴肅，哲學之道很風雅，走起來視覺、感官都會變得很靈敏，一切風花雪月，隨時都可以成為詩篇。還是太難嗎？那就逛逛疏水道兩旁的商店吧！

位在哲學之道的店家，彷彿也都沾染濃濃的學術氣息，層次很是高雅，觀賞的價值很高，但是價位卻相對很樸質。這有點拗口，說穿了就是物美價廉，而且商店的貨物都很有設計感，跳脫一般制式的商品，很適合喜歡有獨特品味的人。有些職人喜歡把他的工作室開在此處，所以這裡也有許多專業技能的體驗課程，比如：拉坏、製香、花道、書藝等等，很適合想要充實自我的人來此一遊。

上：哲學之道　下：販賣風鈴的商店，也可以體驗風鈴製作

神遊時間
約 2 小時
視自己體力而定。可長可短，走完全程時間大約需2小時。

「ポム」（Pomme）的蘋果起司蛋糕

在哲學之道上有幾家店是我最愛光顧的，像是賣迷你熱氣球、製作風鈴、超現代感的和紙、親手玩布染的……。當然還有風情萬種的咖啡店、茶屋，非常適合讓人坐下來好好思考接下來的行程該如何走。

其中最有名的，當屬最近幾年進駐的「よーじや」（Yojiya）。她原本是以化妝品起家的京都本土品牌，近來轉型跨足餐飲業，其中美人臉的綠抹茶咖啡為代表產品，十分有自家特色，口感也特別，一時驚為天人，大受好評，每每營業時間都是大排長龍，人氣旺旺。

但是我偏愛這家「ポム」（Pomme）的蘋果起司蛋糕，原先是因為「よーじや」人滿為

患，不得其門而入。於是順道直走而下，就發現了她。

仿南法鄉村設計的店面，小小的卻富有童趣，店主人十分熱情，店內走自然隨性風，也就是說，可以很隨意觀看拍照。老闆還準備多本塗鴉本，專供客人自在留下自己的感觸，其中有很多繪畫高手，一頁頁速寫店家的圖畫，單看手法就讓人拱手膜拜了。

坐在咖啡店裡，品嘗略帶苦澀的咖啡，有了手做蘋果蛋糕的加持，咖啡居然順口多了。店裡播放著三、四十年代的美國老歌，一種慵懶的感覺慢慢爬上眼皮，旅行的疲憊似乎慢慢地在舒緩。

「ポム」引以為傲的就是他們的蘋果起司蛋糕囉！簡單的外型，卻有著入口即化的口感，新鮮現做更覺美味，我還看到附近的居民特地買回去享用，所以很搶手的，剛出爐的有時一下子就賣完了。我真幸運，還好到得及時，所以也能吃到如此質樸又美味的點心。

上：寫生本藏有繪畫高手
下右：「ポム」的外觀
下左：「ポム」的招牌蘋果蛋糕

神遊時間
不定
視疲累情況而定，用餐時間沒有限制。

怎麼到「ポム」（Pomme）

步行：沿著哲學之道往若王子神社方向，在右手邊約 20 分鐘路程。

地址：京都市左京區淨土寺下南田町 144

營業時間：12:00 ～ 17:30（星期三休息），紅蘋果的招牌，遠遠就能看到。

銀閣寺前町家「ぶんぶく」吃抹茶冰

最近京都十分流行在町家做活動，有觀賞古式建築的結構、有體驗長屋的生活方式、有坐在廊前聽著琴音（泉水流入下水道發出的聲響）、還有在裝修雅致的町屋裡吃懷石料理的體驗……。但這都太專業也高檔許多，我選擇坐在町家吃抹茶冰。

夏日的京都，因為地處內陸，雖然周圍有山峰圍繞，仍暑氣難消。自助旅行靠的是雙腳萬能，一步能走，處處皆可通。但是碰到天熱，那就得想想辦法了。

前往銀閣寺的途中，我已經走得有些乏了，加上隨身的水壺早就空蕩蕩，左手邊的小布簾給了我陰涼的吸引力，再看到簾下展示的抹茶冰道具組，自然讓人無法抗拒啊！

於是我推開簾子，走了進去，霎時我的眼睛一片金星，原因是外面陽光太強，而屋內又太陰暗了。等適應了町家的自然光線後，一整個清涼頓時籠罩全身，眼中陰暗的屋內也清亮了起來，陽光穿過前庭，穿過紙門，來到我的座位邊，那囂張的亮度，轉為舒服自然的光澤，這是適合人體視覺的光線。

旁邊的大叔奉上清涼的麥茶，一喝下暑氣就消了大半。我細細觀看店內古樸的裝潢，又詢問大叔菜單上的內容，他推薦了這碗紅豆抹茶冰，裡面還藏著兩顆麻糬。在等待的時間裡，我得到店家的同意後，就慢慢欣賞起這間町家的結構，雖然跟我之前看到的規模小了許多，但是該有的天井、倉庫、庭院、茶室，一概不缺，正所謂麻雀雖小五臟俱全。

等到抹茶冰上桌後，大叔就退到屋後，讓我自己慢慢地享用夏日午後的清涼，在町家吃冰真是人間一大享受啊！

緩解溽熱的抹茶紅豆冰

神遊時間
約50分
用餐時間大約需50分鐘。

怎麼到「ぶんぶく」茶屋

步行：通往銀閣寺前的商店街，在銀閣寺道的左手邊。

地址：京都府京都市左京區銀閣寺町43

電話：075-761-0432

上：「ぶんぶく」的外觀　下：町家的風情

04

見縫插針，意外收穫

右手に円を描き、
左手に方を画かんとせば、
両つながら成ること能わず

右邊的日文是說：右手繪圓，左手畫方，同時做的話兩者皆不成樣。跟我們說的「魚與熊掌不可兼得」是一樣的意思。這就像自助旅行一樣，絕不會有輕鬆不操心的行程。但是自助旅行最大的好處是自由。養在宮殿中，錦衣玉食的籠中雀，卻羨慕每天餐風露宿的麻雀，無非就是他們能夠自由自在飛翔。

我說得那麼多，就是想要表達一種時間與空間的自主性，這是自助旅行最棒的地方。

所以我常會碰到一些有趣的現象：像是會讓人次次都想再來拜訪的祕密店家；或是不在觀光指南上，由在地京都人介紹的私房景點。有時候隨機選擇的店家，卻是早就被推為必選必買必遊的景點，而我仍傻傻地渾然不知，這或許也是另一種驚喜吧！比起拿著攻略指南，到處追尋商家，有時還不得其門而入，我則是得來不費工夫，這種快樂只有懂得箇中樂趣的人才能體會吧。

古徑深悠悠

不管是從八坂神社到清水寺，或是從清水寺到八坂神社，其中遍布著密如蛛網的大街小巷，古徑私路，我來京都那麼多

古徑幽幽

私路曲曲折折有詩意

次，每次總是挑沒走過的路徑走。

這可能是我個性中的好奇心使然。拜自助之便，我在這一區域隨意亂走，大方向抓住了，那小巷如牛毛的東山區，也被我這樣走出味道來。

古徑是最令人驚喜的，尤其是在夏日豔陽正盛的京都，為了避免在大太陽下汗如雨下，鑽入幽森的古徑是種探險，也是最棒的選擇。

古徑泛指戰國時諸侯們進京都所走的路徑，有些地方因現代化被鋪上柏油成了大馬路，有些仍保留當時的規模。古徑，窄小而偏僻，不是觀光客的路徑，但還是有人細心整理，有時是花團錦簇的盆栽，有時是細緻自在的竹林，所以走起來少了觀光客喧雜，多了京都味的優雅。

這樣的古徑，褪去了商業性的禮貌，表現了文化深沉的底蘊，日本人專注細節的個性躍然而出，就連不是觀光客必到的地方，都能經營得如此細膩，令人感動。這是我們該學習的地方，很多事不是做給別人看的，而是給自己一種必然的規矩，這種環境是美感的養成，也是一種道德的體現。

鴨川風情好

一個偉大的城市，一般都有一條孕育生命的河流。好比巴黎有塞納河，倫敦有泰晤士河，紐約有哈德遜河，那京都就是鴨川囉！

鴨川上的餐廳納涼床

鴨川其實並不寬大，但是以京都人附庸風雅的習慣，整條流經京都市的鴨川都被善用得十分妥當。

最有風情的當屬三条通到五条通這一段，再加上小支流白川，配合著祇園的熱鬧，簡直就是京都東邊的精華。

夏天的鴨川顯得親民多了，許多人會在鴨川旁的納涼床上用餐，享受夏夜帶來的舒爽，這樣的樂趣感染了鴨川上的店家，大家紛紛把自家後院翻修設計，提供舒服的用餐環境，讓鴨川河岸在夏季時形成一道特有的風景。

在夏夜，點點燈火被涼風輕吹而搖晃，遠望就像是螢火蟲般飛舞著。燈火下傳來開朗的吆喝聲，這是客人點酒、夥計們互相提醒櫃台愉悅的聲音，其中還穿插著鴨川潺潺的水聲。一整排的納涼床上，幾乎座無虛席，沒有事先訂位，只好望席興嘆。

不過，比起納涼床，我更喜歡在鴨川河岸邊散步。清爽潔淨的川流，不急不徐地跟在你身邊，一邊陪你做著漫無目的的放空，一邊又靜靜地聽你喃喃自語的反芻。

有一年暑假，姊姊大手筆，請了姊妹一起出遊，加上媽媽跟小孩一共七個人。我們在京都到處尋訪探險。夏日午後，我們剛從祇園用完餐，信步往鴨川走回飯店。那時，夕陽餘暉染遍了整個鴨川，陽光輕柔地照著，溫度也不再燥熱難耐，大家決定在鴨川邊上散步，小朋友高興玩著水，我們則是坐在堤岸上，光著腳丫，伸入水裡享受鴨川的撫慰，一邊天南地北的聊著。自從長大各自成家後，姊妹間的相聚也因彼此的家庭而受到限制。難得的假期，我們聊著既熟悉又模糊的過往，歡笑聲此起彼落，真是令人懷念。

上：少女們坐在鴨川岸邊乘涼閒聊
下：夜色仍不掩其熱鬧的鴨川

我們彷彿也化身成鴨川邊上的居民，享受著夏日午後的親情時光，想來鴨川附近的居民應該也有著同樣的回憶吧？

神遊時間 30-50分

可長可短，視心情而定，走玩時間大約需30到50分鐘。

四条通慢行

比起河原町以西、四条通上林立的現代商場、百貨公司，我更愛河原町以東的四条通傳統老舖。即使有觀光客大量的購買需求，老舖依然頑固地遵循古法純手作，絕不託付機器大量生產。這是一種執念，是一種對自家產品的堅持與自豪。

從八坂神社前延伸的四条通上，有許多有名的商家，他們販賣著堅持百年的傳統商品，比如京菓子、京料理、京扇子、京和食、還有京劇院（南座），這些保有京都特色的商家，位在四条通精華的地段，仍然秉持著信念：「給客人最好的享受」，這才是服務業至高的理想吧！

通常在祇園用完晚餐，我就會安步當車，順道逛逛四条通，慢慢欣賞堅持手作的職人精神。買些少見的逸品，或是送人的禮物。因為堅持完美，所以送人高貴不失禮，這是四条通上商家的品譽，值得為他多付出。

神遊時間
30-50分
可長可短，視購買慾而定，純逛逛時間約需30到50分鐘。

朝日堂必買

朝日堂就位在清水寺仁王門前的參拜道上，小小的店門，稍不注意，可能就錯過了。因為我事事好奇，見門前側方的小几就放著擺設性的小陶器，幽幽雅雅的，然後進門後是一條羊腸小徑，兩旁堆放著排列雅致的陶器，從食器、花器、盤子、碟子到酒杯，無一不全。造型典雅，釉色清爽，而且上面標價又十分合理，大大增加我的信心。這裡販賣的陶瓷器大部分是有名的清水燒和京燒，有時也會有備前燒跟有田燒，但是不管如何，東西真的是價廉物美，而且稍稍有點瑕疵（比如說器物底部的商標不明顯），更是用不到三折價就賣出。

慢慢逛到室內，更是被對他們超有創意的設計給讚嘆不已。首先是室內的展示廳布置得像是美術藝廊，親切和藹的接待人員更是讓你如沐春風。細細觀看每

上：朝日堂的福利品展售
下：四条通上的職人精神

個商品的設計巧思，不禁讓我對日本產生一股強烈的讚嘆，這麼優越的創作力，美感與實用性兼具，注重效果也重視質感。

我每次上清水寺，必來光臨這家店。而他們總是有新的東西可以觸發我的想像：原來花盤的花這也可以如此擺放；陶土捏塑的小和尚，地藏菩薩也可以有童趣；還有黑石可以雕刻成守護菩薩神像，隨身攜帶，更是讓我愛不釋手。店員說我要仔細看看，一定有個神像會跟我投緣，那就是我的守護菩薩了。都這麼說了，我就細細端詳，發現每尊神像略有不同，原來這可是純手工雕刻的，也讓我找到我的守護「普賢菩薩」，現在祂就端坐在我的書架上，天天陪伴著我。

如果逛累了，一樓展示廳旁邊也新闢了三間各有特色的餐廳跟咖啡廳，可以按照自己的需求選擇入座。

上：朝日堂內的咖啡屋
下：清水坂的朝日堂門口

神遊時間
10-15
分

可長可短，視購買慾而定，純逛逛時間約需10到15分鐘。

怎麼到朝日堂

大眾運輸

- 在 JR「京都」站搭市巴士 206 號約 10 分鐘，在「清水道」站下車，徒步步約 10 分鐘即可抵達。
- 由京阪本線「清水五条」站徒步約 20 分鐘即可抵達。

自行開車

- 在名神高速道路「京都東交流道」或「京都南交流道」下高速公路，約 30 分鐘即可抵達。

地址：京都府京都市東山區清水 1

嵐電的櫻花隧道

第二章
右白虎
神遊洛西

京都的悠閒在洛西

如果個性喜歡大自然的美景，那麼位在洛西的嵐山嵯峨一帶，絕對會讓人驚豔，甚至在我私人的排行榜上，隱隱要超過祇園、清水寺，如果再加上金閣寺的加持，那更是如虎添翼，洛西一定是首選。所以來到京都，若有較寬裕的時間，可以細細領略一下洛西的悠哉。

01

北山文化
金閣寺
KINKAKUJI

要說金閣寺，當然是她那大名鼎鼎的舍利殿，相傳裡頭供奉的是觀音菩薩的骨頭。有這麼顯貴的佛骨，當時幕府將軍足利義滿為了突顯舍利殿在金閣寺的地位，就使用金箔裱褙整個外殿，讓其在陽光與鏡湖池相互照映下，更顯金碧輝煌，讓人心生景仰，這也是將軍要彰顯他權力的一種表徵。

金閣寺原取名鹿苑寺，但因金光閃閃的舍利殿，實在太令人印象深刻了，所以就奪其原名，廣稱金閣寺。

金閣寺能夠聞名於世的諸多事蹟中，其一就是《金閣寺》這本書的真實背景，年輕的僧人林承賢用火燃燒自己，順便連金閣寺也一起陪葬。他的遺書中寫著對金閣寺的嫉妒，因為她太美了，所以他瘋狂地把金閣寺給燒了。這下美麗的金閣寺，好不容易度過應仁之亂被摧殘的命運，結果卻毀在一個默默無名的瘋子僧人手上，這五百多年來細心維護的國寶古蹟就這樣化為灰燼。

而另外一個就是三島由紀夫，他是《金閣寺》這本書的作者。這位充滿強烈個人主義的天才作家，曾經是日本人寄予厚望、有希望拿下諾貝爾文學獎的日本代表，然而他卻選擇在壯年之時切腹自殺，原因卻只是希望那短暫的生命，能如櫻花凋零時般絢爛。

我們現在看到的金閣寺，是後來昭和年代重新翻修的，所以她再也無法被列入日本國寶了，但是她的美麗我們還是可以見

大文字燒

到。

通往金閣寺的路上，會被右方大北山上那個大大的「大」字給吸引住，那是仲夏夜有名的「五山送火大文字燒」。每年在八月十六日的盂蘭盆節，五山送火祭是京都的四大祭典之一，如果不怕擠的話，可以來參與這熱鬧非凡的祭典。

金閣寺的入門券跟銀閣寺一樣是張平安符。可以帶回家保平安。順著指標前進，這時耳朵不停聽見一聲聲毫不吝惜的讚嘆，當我遲疑地繼續往前走，接著就看到傳說中那個美到令人瘋狂的金閣寺——舍利殿。

舍利殿三層不同風格的建築，巧妙無違和地層疊在鏡湖池中間。第二、三層的外牆貼著光彩耀目的金箔，頂上還立有一隻閃閃動人的火鳳凰。整個金閣寺，最美的時間就是上午十點前後，如果是晴天，陽光剛好會照

上右：金閣寺門票
上左：金閣寺上方的火鳳凰
下：鏡湖池上的金閣寺

射在金閣寺上，這時水面也會幻起層層金霧，金閣寺彷彿凌空而立，這麼神妙的景象，難怪會有人情不自禁瘋狂地想毀了她。

這跟現代人得不到的就想毀了、讓其他人也得不到一樣，令人無法理解。這也太病態了吧！這病態會讓人留下遺憾的，金閣寺絢爛的一生，不就是如此嗎？

（註）雖然金閣寺是北山文化代表，但地理位置上仍偏西方，所以我還是將她歸在洛西的位置書寫。

金閣寺

神遊時間 約30分

怎麼到金閣寺

大眾運輸

- 在 JR「京都」站搭市巴士 101 或 205 號約 30 分鐘，在「金閣寺道」下車，徒步約 5 分鐘即可抵達。
- 由京福電氣鐵道嵐山本線「北野白梅町」站徒步約 30 分鐘即可抵達。

自行開車

- 在名神高速道路「京都南交流道」下高速公路，行經國道 1 號約 40 分鐘即可抵達。

地址：京都府京都市北區金閣寺町 1

參觀時間：09:00 ～ 17:00，全年無休。

門票：大人 400 日圓、學生 300 日圓

櫻花賴在平野神社

正值四月櫻花假期，我的目標是北山的金閣寺。原本打算搭市公車慢慢晃上去，沒想到一個眼尖，在旅遊中心發現最近推出的「地鐵＋嵐電」一日券，算算車價似乎十分合宜，於是就改買這樣的套票。

這下，搭嵐電到金閣寺就得在「北野白梅町」站下車，然後再走上去。這樣的路程沒走過，對我來說的確充滿挑戰性。

前往金閣寺的路上，遠遠地就看到一個大大的紅色鳥居，模樣挺吸引人的，再走近一看，就讓人瘋狂了。原來是賞櫻名所——平野神社。只見爆開的緋櫻毫無遮掩地到處肆虐，將整片天空染成粉紅的天幕，走在其中，我的雙頰也染上嫣紅，頓時喜氣

滿地的櫻花瓣，好像鋪了一層粉紅地毯

上：櫻花與大鳥居相映成趣
下：神社前的櫻花

起來。

這才是自助的優勢啊！無預警地，隨著自己的雙腳就能看到這樣燦燦的畫面，我真的只能說，還好平日有做好事積善報！

今天的平野神社似乎在整妝準備夜晚的櫻花盛會吧！沿著參拜的道路兩旁，排著滿滿的攤子，就像我們的迎神廟會一般。櫻花樹下也是兵家必爭之地，各式插旗、木箱、隔板、圍簾通通出現，互爭地盤，這樣的拚場我總算見識到了。

再往深處走又是顏色較深的枝垂櫻，一樣是人滿為患，但是我喜歡這種有人氣的歡騰，腎上腺素一直持續高亢中。真真太美了，一陣風吹來，樹枝搖動，滿天的花瓣隨風飛舞，欲上青天去歡唱。「春吹櫻」恰好是櫻花等待了一年、滿開綻放後，最後一個美麗的ending。

平野神社是桓武天皇為紀念其母而建的，神紋的標誌就是「櫻」。觸目所見都是櫻花祭的熱鬧景況，到處都跟櫻花沾上邊，就連抽籤也做成櫻花花瓣型式，讓人結籤的樹枝又是一團爆開的櫻花祈願樹。我也入境隨俗，抽了個櫻花籤，再買個平野神社有名的松鼠陶籤，這樣的偶遇實在太滿足了。

右：神社前的垂櫻
左：兵家必爭的賞花場地

平野神社的燈籠

左 1：櫻花紙籤　左 2：櫻花御守　右 1：結上樹枝的紙籤也是櫻花　右 2：可愛的松鼠陶籤

神遊時間
15-50
分

非櫻花季15分鐘，櫻花季30到50分鐘。

怎麼到平野神社

大眾運輸

- 在 JR「京都」站搭市巴士 10、26、50 號在「北野白梅町」下車，徒步約 10 分鐘即可抵達。
- 由京福電氣鐵道嵐山本線「北野白梅町」站徒步約 10 分鐘即可抵達。

自行開車

- 在名神高速道路「京都南交流道」下高速公路，行經國道 1 號約 40 分鐘即可抵達。

地址：京都市北區平野宮本町 1

電話：075-461-4450

參拜時間：自由參觀，全年無休。

我家就是你家的「はま壽司」

雖然平野神社的攤位排得滿滿都是，但那是屬於夜晚的聚會，白天並沒有營業，所以我餓著肚子繼續往金閣寺走去。

然後路上這家連鎖的迴轉壽司，遠遠就用「平日九十日圓」的招牌吸引著我，等走到店門口，看到的又是一句你我都熟知的廣告詞「我家就是你家」，實在太有親切感了。二話不說推門就是了。

上：「ほま壽司」的店面
下：CP 值超高的平價迴轉壽司

一進門，得先拿號碼牌，告知有幾人用餐，等到螢幕上顯示出你的號碼，再到櫃台報到，這時服務生會請你稍待一會兒，他們會為你準備適當的位置。

入座後，前方迴轉道上有個小小的螢幕，那就是你可以「注文」（點餐）的工具。等到你要的東西隨著迴轉道慢慢送到你面前時，螢幕會發出聲響事先告知，食物的下方盤子上也會標著「ご注文品」（所點選的餐物），那就是方才點的食物，只要按掉螢幕閃爍的按鍵，就可以取走了。重點是如果不是你點的餐點千萬別取用，因為這樣點這餐點的人等到的就會是空蕩蕩的「注文品」，那就失禮了。

這樣消費的方式實在太有趣了，到後來我根本就是看迴轉台上別人注文的東西，如果賣相不錯，我也在螢幕自己點一樣的餐點起來，不但趣味而且吃下來也比平日隨便吃吃便宜。通常迴轉壽司較為人挑剔的生魚握壽司，「はま家」的味道跟質感都不差，的確是價廉物美的好店。

台北南京東路上出現「はま壽司」

左：觸控螢幕點餐
右上：號碼單
右下：魚肉大又新鮮的握壽司

神遊時間 約90分

視排隊狀況而定，順利的話10到15分鐘，用餐時間約90分鐘。

怎麼到「はま壽司」

大眾運輸

- 在 JR「京都」站搭市巴士 10、26、50 號在「北野白梅町」下車，徒步約 15 分鐘即可抵達。
- 由京福電氣鐵道嵐山本線「北野白梅町」站徒步約 15 分鐘即可抵達。

自行開車

- 在名神高速道路「京都南交流道」下高速公路，行經國道 1 號約 40 分鐘即可抵達。

地址：日本京都府京都市北區衣笠天神森町 1

電話：075-466-3865

營業時間：終年無休，11:00 ～ 23:00（最晚 22:45 點餐）

學問之神 菅原道真

北野天滿宮（又稱天神神社）供奉的是平安朝學者兼詩人菅原道真的神靈。他學富五車，知識淵博，常帶著背滿書匣的牛到處求知解惑，被譽為「日本的孔子」，是掌管學問精進、考試合格之神。每逢考季來臨，整個天滿宮都會被前來祈求考試順利的考生及家長塞爆。

我原本是追天滿宮裡的梅花而來，只是到得遲了，滿園的梅樹紛紛露出綠芽，有的甚至都嫩

北野天滿宮的鳥居

綠成一團了，只剩下少數晚熟的梅樹仍眷戀冬季的苦寒，硬撐著要確定是否北風已殘，但春暖早將此處團團包圍。真是可惜了，只好等待來年再來此與梅樹敍敍舊。

天滿宮既然是供奉學問之神的地方，所以沿路常看到一群群學生往這裡走來。天滿宮也貼心地為學生們準備導覽義工。每一位導覽人員，負責帶領五到六名學生，為他們解說天滿宮的歷史沿革，還有菅原道真的事蹟。聽著聽著，我也不免俗地跟著學生摸摸牛角表示頭角崢嶸、拔得頭籌；摸摸牛身表示飽讀詩書；摸摸牛蹄，表示健步如飛，考試順利。雖然我早已脫離聯

高中生專心聽導遊講解

天滿宮大殿

招考試的壓力，但是摸摸嘛，求得學問之神的眷顧也不錯。

返回車站時經過一家京豆腐名店——藤野，他在天滿宮附近新開了一家分店「十富茶室」。其外觀有著明治時代西洋式的設計，但賣的卻是京都有名的豆腐料理與咖啡。我喝過豆腐咖啡，所以這次選擇「豆腐霜淇淋」來嘗鮮。在這春寒乍暖之際，吃著豆腐霜淇淋還挺特別的，這霜淇淋的味道出奇濃郁，沒有豆腐特有的「腐」味，反而有股牛奶的香濃，若是在夏天，的確是很解熱的好物。

上：十富店面
下：十富的名品豆乳霜淇淋

神遊時間
約30分

北野天滿宮視需求而定，考生約30分鐘，一般人20分鐘。
十富茶室約60分鐘，霜淇淋可以邊走邊吃。

怎麼到北野天滿宮

大眾運輸

- 在 JR「京都」站搭市巴士 10、26、50 號在「北野白梅町」下車，徒步約 10 分鐘即可抵達。
- 由京福電氣鐵道嵐山本線「北野白梅町」站徒步約 10 分鐘即可抵達。

自行開車

- 在名神高速道路「京都南交流道」下高速公路，行經國道 1 號約 40 分鐘即可抵達。

地址：京都上京區馬食街

參拜時間：參觀免費，5:30 ～ 17:30。

門票：梅苑入苑費（含梅茶、點心）：500 日圓

怎麼到京豆腐藤野十富茶室

大眾運輸

- 在 JR「京都」站搭市巴士 10、26、50 號在「北野白梅町」下車，徒步約 5 分鐘即可抵達。
- 由京福電氣鐵道嵐山本線「北野白梅町」站徒步約 5 分鐘即可抵達。

02

輕裝簡從遊
嵐山
ARASHIYAMA

日落月出嵐山頭
身處何方猶未知
長巷燈籠撫人心
一杯紫蘇暖惆悵

那帶點他鄉得遇人情溫暖的感激，就得從我與嵐山的初識開始。話說，姊姊原本的輕旅行，在第三天有了戲劇化的轉折。前天睡前她說：「我們明兒個到嵐山吧！」「嵐山在哪啊？」初來乍到對當時京都還東南西北搞不清的我來說，嵐山有啥呢？姊姊很輕巧地聳聳肩膀，「到時就知道了。」看這表情動作，想來她也沒去過吧！

隔天我們就在旅遊中心買了張公車一日券，因為不熟悉嵐山旅遊路線，於是就打算交給公車把我們慢慢悠悠地帶往嵐山去。途中，我在車上研究著旅遊中心給我們的公車路線圖，突然「金閣寺道」映入我眼前，我跟姊姊說：「我們先在此站下車吧！反正有一整天的時間，而且是在往嵐山的路上，應該花不了多少時間啦。」

嵐山主要商店街

姊姊被我說服了，我們在金閣寺道下了車。接著，又順道一遊「天龍寺」。待趕到嵐山大街時，卻已是日暮西山的傍晚時光，整個嵐山的觀光街道被一片

左：夕陽下的大堰川
右上：大堰川遊舟　下：嵐山人力車

昏黃的夕陽給籠罩得明暗不清，等我們走到渡月橋時，大堰川上早被一片金色迤邐佔滿了。我們靜靜欣賞著大自然的美景，直到月出山邊，這才覺得飢腸轆轆。

冬日不但天暗得快，走返商店街時，連店家也都收攤準備休息了，我們等的公車也要一個鐘頭後才有，這下該往哪去啊？

冬風又起，溫度直線下降，我的身體因走動而產生的熱能逐漸消散，冷冽的空氣讓我身體的抖動開始出現。正當我們惶惶不知何去何從四處張望時，稍遠處有片暈黃的燈籠高高地在夜空中搖曳著，我跟姊姊說，先到那去躲一下，說不定是家餐廳呢！

當我們一走進那窄窄的巷子，冷冽的寒風馬上就被阻隔在外頭，再推門一探，一股暖流瞬間包攏著我，而親切的女主人早已在我們走進小巷時，就先沏好茶等著我們了。當我拿起女主人親手奉上的

神遊時間
約1-3小時

可長可短，時間大約需1到3小時。

怎麼到嵐山

大眾運輸

- 由京福電氣鐵道嵐山本線「嵐山」站徒步約 1 分鐘即可抵達。
- 由 JR 嵯峨野線「嵯峨嵐山」站徒步約 10 分鐘即可抵達。
- 在 JR「京都」站市巴士 71、72、73、74 號，在「嵐山」站下車，徒步約 2 分鐘即可抵達。（京都巴士跟市巴士在單一票價區票價相同，但過了單一票價區外則需另外收費，請多留意。一般買一日券時，會附上巴士營運的範圍，市巴士是以京都市內的各景點為主體，京都巴市則範圍會廣一些，包含一些較偏遠的地方比如龜岡。）

自行開車

- 在名神高速道路「京都南交流道」下高速公路，約 40 分鐘即可抵達。

茶杯，喝上一口，奇異的茶味，絕不是以往熟稔的味道，濃郁的香氣帶點淡淡的鹹味，是什麼茶啊！姊姊說是紫蘇，紫蘇也能入茶，我第一次喝，就像這次，我也是第一次感受到嵐山的熱情。在這寒風中到處遊蕩的我們，無疑地被嵐山收服了，嵐山不但風景美，連人心都美。

肉舖中村屋的可樂餅

到京都旅遊多次，有次趕早出門，只記得要在京都車站搭JR嵯峨野線到嵐山，完全來不及果腹。等到了「嵯峨嵐山」站時，肚子因長途的車程早就在抗議了，但是太早到達嵐山似乎也只能看看景物，商店街都還沒清醒呢！

信步往天龍寺的方向走，這時一陣香酥的味道飄進鼻子裡，我的腳不由自主地轉往味道的源頭。原來是家賣肉的鋪子，但是她自家小舖此刻賣的卻是讓人垂涎三尺的可樂餅。

二話不說，我也加入排隊陣容，然而輪到我時卻只剩下炸薯餅可以選了，這似乎讓人覺得有些遺憾，不是才開店嗎，怎麼一下子就賣完了？老闆娘親切地推

左：小小店面的中村屋
石：嵯峨名物可樂餅

銷說薯餅也好吃，下次來早些就有更多的選擇。好吧，這家店我記住了，先來個薯餅嘗嘗吧！

接過熱騰騰剛炸好的薯餅，老闆娘還要我小心別燙著，吹幾下再咬。可是我的食慾怎麼可能擋得住這誘人的香氣啊！快速地吹了幾下，當場就咬了下去。

「哇！」燙口啊，我張開嘴猛吸氣，等到口腔適應了熱度後，才慢慢咀嚼。這一下不得了了，薯餅外皮酥炸爽脆，內餡濃香撲鼻，咬幾下就化在口裡了，外皮內餡相當密合的口感，我滿意極了。

把這一切看在眼裡的老闆娘，一副理所當然地看著我的吃相，直到我跟她舉起大拇指時，她才很高興地要我下次要早點來，可以嘗嘗他們包肉的可樂餅。這是一定的，這麼好吃的東西，又是他們自己標榜的嵯峨名物，當然要再來光顧啊！

神遊時間
5-10 分

視排隊狀況而定，順利的話5到10分鐘。

怎麼到中村屋

大眾運輸

- 由京福電氣鐵道嵐山本線（簡稱嵐電）「嵐山嵯峨」站徒步約 2 分鐘即可抵達。
- 由 JR 嵯峨野線「嵯峨嵐山」站徒步約 5 分鐘即可抵達。

地址：京都府京都市右京區嵯峨天龍寺今堀町 4-1

電話：075-861-0587

營業時間：09:00 ～ 18:00，星期天照常營業。

草叢間的地藏王菩薩

在嵐山，四處不是竹林密布就是花團錦簇，然而在這片自然美景中，卻往往可以發現躲在草叢間的地藏王菩薩。

那是因為平安時代常有些貧民，因為親人過世，找不到可以安葬的地方，於是來到嵐山隨便挖土就地掩埋，而當時仍屬郊野的嵐山，有很多野生的動物，牠們會刨土撕咬屍體，隨意的安葬地一片狼藉也是常有的事。於是，鬧鬼、妖出的傳聞讓嵐山成

地藏王菩薩

地藏王菩薩

神遊時間 約50分
隨意巡遊大約50分鐘。

了生人勿近的場所，為免亡者靈魂受到叨擾，各式地藏王石刻就如雨後春筍般出現。

直到嵐山的好風水被各大名寺、神社（像大覺寺、天龍寺、法輪寺、松尾大社、野宮神社等）相中，紛紛設立本堂在此，才一一搬除這些地藏王石雕。

走在嵐山的郊山步道或是車水馬龍的商店街，冷不防地就會看到一尊尊造型可愛的地藏王菩薩，依然乖乖地守護著嵐山，守護在此渡假的旅人。

「まゆ村」的創意繭人形

寒冬，第一次造訪嵐山，那個給了我溫暖的店鋪就是「繭人形まゆ村」。

「まゆ村」位在小小的巷子內，如果沒有仔細去找，小小的燈籠招牌，很快就迷失在嵐山商

「まゆ村」躲在小巷底

「まゆ村」的燈籠招牌

店街花枝招展的招牌中。

那天如果不是天色暗得快，如果不是其他店家收攤得早，我想我們絕對會與她擦身而過，沒有交集。

然而，人與人的邂逅總是來得如此巧合，這冥冥中就是有神的所在。我們在「まゆ村」得到了人間溫情，而且還看到了那天馬行空的創作力。

「まゆ村」的繭人形是利用蠶繭來設計，轉化成各式各樣的動物、人形，尤有甚者是設計出巨型的人偶座，維妙維肖的肢體語言，活靈活現的靜止動作，在在顯出他們的工藝技巧，與創作的巧思。

每次造訪他們的工作坊，我總是能看到與眾不同的創意與新奇的設計，唯一不變的是親切的態度始終如一，這才是職人真正的堅持。而我也照慣例，一定帶走一樣她們的新產品做為我對她們的支持。

左：「まゆ村」的展示區
中上：「まゆ村」的可愛人偶造型　中下：連地藏王也超討喜的
右上：各式祝福的小掛圖　右下：三禮猴子（勿言，勿視，勿聽）

神遊時間 約 15 分

怎麼到「まゆ村」

大眾運輸

- 由京福電氣鐵道嵐山本線（簡稱嵐電）「嵐山嵯峨」站徒步約 15 分鐘即可抵達。
- 由 JR 嵯峨野線「嵯峨嵐山」站徒步約 15 分鐘即可抵達。

地址：京都市右京區嵯峨鳥居本化野町 12-11

電話：075-882-4500

營業時間：09:00 ～ 18:00，星期天照常營業。

網址：http://www.mayumura.com/

亂刀流的咖啡專賣店

從天龍寺前往嵐山公園的這條路，就是嵐山的主要商店街。商店街完全因應觀光需求，所以跟每個熱鬧景點的商店街一樣，該有的元素一律按照規矩來，基本上都可以滿足各階層的觀光客。

但是這些基本，絕對無法滿足我。就商業社會衍化的狀況來說，在主要商店街附近的小街小巷才是尋寶的路線。因為既有靠近商店街的地理位置之便，又保有不被太多閒逛的人打擾的清幽。所以若能按照這樣的準則來探險，幸運就會碰到一些風格特異的好店。

eX Café 的招牌

熟門熟路的我，除了第一次像「劉姥姥逛大觀園」般，看著商店街販賣的東西，處處新奇之外，接下來多次的嵐山行，我更像蜜蜂採蜜般到處搜尋那躲在街町裡的驚奇。

這間「eX Café」，藏得很孩子氣，從商店街往小巷一探就會發現他的身影。搶眼的紅色霓虹燈招牌，很霸氣地在那招搖著。而且敞開著大大的門，讓人可以容易窺探。

一如高檔的料亭，前院是修剪得十分雅致的庭園造景，而參差著石板的小徑，從大門一直延伸到裡門。但接下來的畫面，會讓人要推開那道厚重如鐵板的大木門產生畏懼。因為整面塗黑的牆壁上畫著靛藍色的碩大牡丹，還用金線勾邊，用色前衛。這樣大膽的畫風搭配沉

上：充滿色彩張力的視覺效果　下：採用多種不同的和式門板隔成用餐空間

重如牢房的木門，真要推開，需要很大的勇氣。

但，我沒在怕的，深吸一口氣，就推開木門進去，正好有人要結帳，我趁機審視一番。

很文青的裝潢，跟現在大稻埕的文創風格十分雷同，也有點像台南那樣，把老東西翻轉成新事物，讓人不禁想多看幾眼。像用餐的桌子就是用舊式門板改裝的，天花板像博物館那樣垂掛著京都舊時使用的竹編器具，牆上則是掛著雕花精巧的窗櫺，隔間是各式拉門拼合的。整間店營造的氛圍很幽暗，讓人猜不透到底賣什麼咖啡啊！

還好收銀台有展示櫥櫃，燈光打上，餐點的模型更顯誘人。我因為餓了，所以點了道起司義大利麵，酷吧，不是喝咖啡嗎，怎會有義大利麵？其實餐點花樣多著呢！還有紅泥小火爐烤麻糬，竹盒裝的手打喬麥，當然也

左上：靜謐的用餐環境　左下：令人為之一亮的起司義大利麵
右：eX Café 的展示櫃

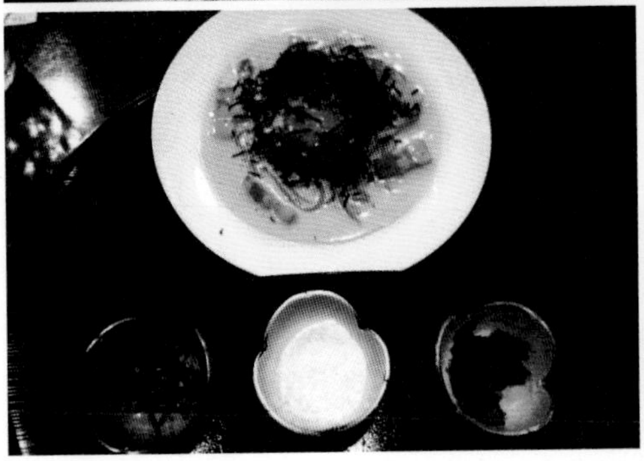

有紅豆抹茶冰，不過我還是點了杯手沖咖啡來應景。

咖啡是淺焙的豆子，端上來時飄著淡淡的果香，口感帶點果酸但又很順口回甘，算是中上。至於起司義大利麵才讓我驚奇，搭配在主餐旁的三個小碟子，分別是乾的鹹昆布、梅干跟鹽，這下我真傻眼了，但是濃郁的起司麵多吃幾口的確讓人有點反胃，這時配吃點鹹昆布居然意外契合。我用實驗的精神，一下搭著梅干，一下用筷子沾鹽巴，喔，對了，餐盤旁擺的是筷子，沒有叉子這檔東西。

這間有趣又有風格的咖啡店，讓我忍不住給她一個特別的稱號「亂刀流」，就是說他們有別於一般咖啡店，又能領導時尚，走出自己的味道。真是讓人驚奇多多，而且他們還有招牌的抹茶蛋糕可以買回去當伴手禮，實在是值得來一趟。

神遊時間　約 50 分

怎麼到 eX Café

大眾運輸

- 由京福電氣鐵道嵐山本線（簡稱嵐電）「嵐山嵯峨」站徒步約 1 分鐘即可抵達。
- 由 JR 嵯峨野線「嵯峨嵐山」站徒步約 10 分鐘即可抵達。

自行開車

- 在名神高速道路「京都南交流道」下高速公路，約 40 分鐘即可抵達。

地址：京都府京都市右京區嵯峨天龍寺造路町 35-3

電話：075-882-6366

營業時間：10:00 ～ 17:30，星期天照常營業，不定休。

03

SAGANO

嵯峨野
觀光火車

「トロッコ嵯峨站」

再也沒有什麼比得上嵯峨野的觀光火車給我的回憶來得深刻，因為每次的到訪，都留下我青春歲月的印記。

最初，我只是看到旅遊中心看板上的廣告單，上頭印的是嵯峨小火車那帶點復古味道的火車頭，以及紅黃配色的開放式設計車身，這樣的文宣可是非常吸引人。當下看好搭乘的時刻跟地點，我就要開始我的初體驗了。

搭乘嵯峨觀光火車通常有兩個較大眾的方式，

一是在JR「嵯峨嵐山」站下車，然後就有指標指引到「嵯峨野觀光鐵道」的起始站「トロッコ嵯峨」。走個幾步，就可以看到那被整理如新的十九世紀火車頭挺立在車站大門處。

進到車站大廳的售票處，通常售票員會詢問你要單程票，還是要買來回票。買來回票就是到終點後，在終點站附近小憩一番，然後再搭原班車回來。若是單程，那就是坐到終點，然後再走約十分鐘的路程到JR「馬堀」站搭JR嵯峨野線回來。終點站下方有公車可以搭車回京都，但那已脫離京都市公車的營運範圍，得另行購票。

通常在夏天我會選擇買單程，然後跟售票員說我要搭保津川遊船，那售票員就會幫我跟船家訂位，然後給我船票的乘換券。這樣的好處就是你可以免費搭接駁公車到渡船口，這段路程如果用走的可能得用掉一個多小時的時間，仲夏太陽很大，我還是省事些比較好。

二是搭市公車到「嵐山天龍寺前」下車，或是搭乘嵐電在「嵐山」站下車，然後走大約十到十五分鐘的路程，來到「嵯峨野觀光鐵道」的第二站「トロッコ嵐山」搭乘觀光火車。

怎麼搭乘嵯峨野觀光鐵道

（請先上網查看訂票情形以及班次時刻）
「嵯峨野トロッコ」列車：
http://www.sagano-kanko.co.jp/saga.php

仲夏裡的綠竹林道

在天龍寺後方，往嵯峨野觀光火車的「トロッコ嵐山」站走去，會經過由一大群綠竹圍攏的清涼步道。

夏天陽光還是會穿透密集的綠竹葉縫隙直線而下，但是熱情卻完全被擋在外頭，留下清風送

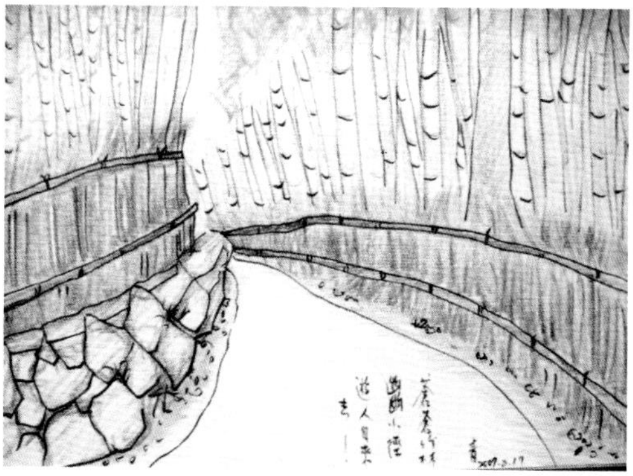

綠竹林道

爽，以及樹葉婆娑的輕搖聲。那樣的靜寂，就算是有著滿滿穿梭其間的觀光客，只要有綠竹裡愛捕抓雜音的小精靈，人聲鼎沸的現象，一進入步道就迅速飄渺了。

竹林步道，彎彎曲曲，高低有起伏，常常乍看前面橫堵著一片竹林，疑是無路，偏偏走近才發現路還在呢！轉個彎又是另一番景象。

走在這幽森的綠竹林裡，周身像是浸潤在清涼水泉邊，兩側高聳參天的竹林，有如大導演李安拍的武俠片《臥虎藏龍》中，李慕白跟玉嬌龍在竹林對打的畫面那般真實呈現。

而我的思緒也完全釋放，想像自己就是那劍術高超、輕功卓絕的武俠大腕，整個竹林隨我任意穿梭，自在豪放，捉弄如入無底深淵的笨蛋盜匪；或是學著魏晉南北朝時竹林七賢般瀟灑怡然，搖搖蒲扇，喝幾口老酒，情緒一來，張口長嘯，人生幾何啊！

高聳入雲的綠竹

人氣超旺的野宮神社

走到竹林盡頭分出了叉路，一邊是往觀光小火車「トロッコ嵐山」站，一邊是野宮神社。看看我要搭的小火車時刻，時間還早呢，我決定轉往神社去探探。

愈往神社走去，就發現活動式攤販愈來愈多，一般都是展示個人創作小物的攤販，有的賣創意，有的提供優質的手作工藝。這樣細挑慢看，短短幾分鐘路程，我走得有如花蝴蝶一般，一下左邊拼布攤販，一下又被右邊的竹蜻蜓吸引，很是忙碌。

野宮神社就像小媳婦躲在這一堆攤販中，要不是神社前停了一堆嵐山人力車，我還會不注意就晃過了。但似乎也不用我操心，神社雖小，香火可是很旺的。神社裡散佈著供奉各類神祉

正在工作的達人

手作彩繪竹蜻蜓

的神龕，仔細算來就有五個之多，有保佑學業成就的、愛情順利的、財源廣進的、事業亨通的、消災解厄的、還有孕婦安產的，只要是大眾心中所想所祈求的，林林總總，這裡通通都有。

單看神社被香煙給薰得飄飄渺渺，就知道多有人氣，有的神龕參拜還得排隊，小小神社擠得水洩不通，不知情的會以為這裡發生什麼大事呢！

我就湊湊熱鬧，哪邊有空就哪邊參拜一下，來到人家的地頭，總要打聲招呼嘛！這樣才不失禮啊！

其實，神社越往裡走腹地越大，整個地方因竹林遮蔽陽光而潮濕的關係，披上一層如綠絨般的青苔，青苔美得如夢幻中神獸——獨角獸會出現的地方，據說連文人雅士都偏愛來此吟誦詩句，激發謬思。這可是神社裡的一絕。

排成一列的人力車

此外神社的來歷更是嚇人，她是平安時代皇宮裡選出未婚的公主，在成為齋王所居住的齋宮（齋王是專有名詞，指身為皇室祭祀的女官，一旦身為齋王就絕不能結婚），研習各種祭祀流程的地方。這可是聖潔不可侵犯、關乎整個皇室未來的地方，所以野宮神社才會供奉著如此多的神祉、如此有名。

比如大黑天神龕前，那被摸到黑得發亮的「龜石」，是傳說能夠實現願望的石頭，真的嗎？就摸一摸吧，至少沾染神力也是不錯的。

走出神社，鳥居的兩側也是黑黝黝地發亮，很少看到鳥居是黑色的，仔細一看，是樹皮本身的顏色，不是刨光後塗上黑漆，這可是很少見的，一定要摸摸。

左：摸到變成黑黝黝的野宮神社鳥居
右上：穿過鳥居右邊是野宮神社，左邊是綠竹林　　右下：祈求戀愛成功的繪馬

神遊時間
約 **20** 分

怎麼到野宮神社

大眾運輸

- 由京福電氣鐵道嵐山本線（簡稱嵐電）「嵐山嵯峨」站徒步約 5 分鐘即可抵達。
- 由 JR 嵯峨野線「嵯峨嵐山」站徒步約 10 分鐘即可抵達。

自行開車

- 在名神高速道路「京都南交流道」下高速公路，約 50 分鐘即可抵達。

地址：京都府京都市右區嵯峨野宮町 1

電話：075-871-1972

參拜時間：9:00 ～ 17:00，自由參拜。

充滿回憶的「トロッコ列車」

觀光小火車有著太多的回憶了，我自己第一次搭乘時，完全是被他貼在旅遊中心的文宣所吸引，進而更改接下來的計畫，挪出一天來體驗。

「トロッコ列車」有著鮮紅亮麗的車身，火車頭則是仿蒸汽火車的造型，邊框塗上橙黃色，第一眼見到，就令人忍不住期待接下來的行程。

匆匆拍完紀念照，我就找到自己的位置坐好，整個人的情緒像是飄在雲霧裡，飄飄忽忽不知如何是好，直到鳴笛聲將我喚醒，火車要開動了。月台上站長除了親切地跟車上乘客揮手道別外，還滿臉笑容卻含著深深詭異的表情看著我，到底會遇到什麼啊？我單獨一人闖通關似乎有些不妙。

火車慢慢往前加速，穿過隧道後，眼前一片綠悠山林迎面而來，山風吹得我頓時放下心防，原來是我自己嚇自己嘛，這麼棒的山林景色，怎麼可能有驚恐的畫面。陣陣涼風從開放的車頂直灌下來，好痛快啊！一解煩躁呢！

「トロッコ列車」沿著保津川的峽谷行駛，時值夏天，滿眼翠綠，等到秋天一定是滿山楓紅橙黃，讓人一想到就更加神往。而火車「トロッコ、トロッコ」（特落叩、特落叩）的節奏聲，搭配我坐的木板椅，有種世紀初

上：「トロッコ」的蒸汽火車頭　下：「トロッコ」的開天窗車廂裡有爸爸跟媽媽

的空間感，我像是第一次坐火車的學齡小孩，看什麼都新鮮。

一會兒，車長出現了，他會輪流在各車廂跟旅客互動。有時會捉弄小朋友，讓孩子的臉上充滿歡笑，帶著滿滿的喜悅回去；有時則用誇張到不行的語調介紹兩旁景物，讓人不知所措卻又覺得有趣。那時我傻傻的，完全聽不懂他怪腔怪調的日語，乾脆自個兒慢慢欣賞。開放式的車體，讓我可以很容易拍到想要的畫面。突然，一聲高亢的語調響起，車長嘰嘰呱呱很激動地說著，說啥呢？我身邊的旅客站起來往下俯瞰，接著就看到保津川的遊船過來

上：唱作俱佳的車長
下：「トロッコ」的車尾

了，他要大家跟船上的好朋友招招手，這真是十分有趣。可惜我這次只選擇搭小火車沒有要坐船渡保津川，有些「殘念」，下次我一定要去嘗試搭乘。

沒多久保津川站就到了，這個無人的小車站，有一群狸貓唱歌給你聽，搭配鈴聲真是有趣極了。說是狸貓其實是陶製品，可是大大小小、高高低低排成好幾列，這畫面就壯觀了。雖是無人車站，但是下車的人還滿多，大部分是背著專業相機的遊客，原來他們是來此拍照取景。難怪保津川可以拍得有如大峽谷般壯闊，原來都是這群專家會選景，才能引發我的嚮往。

詼諧成趣的陶狸貓

終點「トロッコ龜岡」站終於到了，我下了火車，回頭望著閃閃發亮的火車頭，默許下次一定要再來。

這樣的願望，很快就實現了，那時我從美國搭機要在日本轉機回國，突然腦袋靈光一閃，打電話問爸爸媽媽要不要來日本跟我會合，我要帶他們一起來搭小火車。這趟親子間難得的國外行，也是我們一家三口唯一的一次。照片裡的爸媽正值壯年，依然精神奕奕，而我更顯稚嫩，對照此刻，形單影隻的，唉，時光流逝得好快好無情，獨留我一人無盡的追憶。

我依然記得媽媽說這些狸貓真可愛，有沒有得買，我們也帶一隻回去吧！我那時怎麼回答？一副小孩管大人的口吻說，那是陶做的很容易打破耶，而且你要怎麼帶回去啊？一口回絕，失望的表情迅速爬上媽媽的臉，這樣的拒絕讓媽媽好受傷。

如果那時，我能順著媽媽的意思，幫她一起尋找陶狸貓，就算沒有找到，媽媽應該也會很欣慰吧！畢竟自己的孩子，不但尊重她的意見，而且還很慎重地一起尋找，這樣的態度，一定會讓媽媽感到貼心。然而當時的我，卻連這麼簡單的努力都不願意做。如果時光倒流，我願意用積極的態度對待媽媽，旅行的溫馨回憶定然與現在的徒留遺憾不同。如今想起，我怎會如此幼稚啊，這樣的結果，令我永遠在後悔當時的自以為是。

04

KAMEOKA

龜岡
渡船過急流

由於老媽對水畏懼，所以那次的「トロッコ列車」行，我又與保津川遊船擦身而過。但是我絕不會因此就放棄，對於我的執著，有時連自己也很疑惑，這似乎是種天性吧！

得天憐憫的奇遇

就在九月的某一日，我終於踏上「征途」了，興奮的心情讓我在終點站下車時，忙著拍攝田園即將豐收的景色，還有那堤防邊上滿布的芒花，結果居然錯過了接駁專車。等我慌慌張張地跑到站牌時，接駁車早開走了。我在站牌看不到任何人，也找不到一輛類似的車子，開始懊悔自己的托大，怎麼會這麼漫不經心呢？

抬頭望望湛藍的天空，清澈如洗，然而天地悠悠，我的內心卻在哭泣，難道又要錯過保津遊船了嗎？望著剛剛拍照的風景，色彩一下抽離了，一瞬間，人生頓時黑白了。我頹喪著走回「トロッコ龜岡」站，站旁有間司機休息室，裡面還有二、三位司機在休息聊天。我鼓起勇氣，拿著遊船乘換券，走近他們。指著票券跟他們比手畫腳解釋一番，等到我話語稍停，他們馬上開起小組會議。最後，其中一人，對我比出「請」的動作，我以為乘船無望了，沒想到他是要我跟他走。

我略帶狐疑的腳步跟他保持著約一、二步的距離，然後，走向一台空著的公車。這是？司機先生用鑰匙打開車門，然後又做了個「請」的動作。原來他要載我過去渡船口，這是真的嗎？真的是上蒼垂憐啊！

我彎腰行禮，點頭如搗蒜，「太感激了、實在太感謝您了」。我把懂得的日語中對於感謝的語句，不斷地如錄音帶般一再播放著。司機是個靦腆的人，他擺擺手，略帶羞澀的表情要我坐好，他要開車了。

「哈利路亞，哈利路亞」，我心中一掃陰霾，響起聖歌的詠讚調了。一路上，田園回歸本色，麻雀叫聲也清晰了起來。前往渡船口的路途，鄉道彎彎窄窄的，但是我放鬆地跟著搖搖晃晃。因為，我一人獨占一台大公車，而且是專程送我到目的地的公車，這下子，我麻雀變鳳凰了！

這時盪在半空的心總算找到下降的位置了，雖然還未完全放下，但是，我已經很感激了。路上我試著跟司機阿尼將（日文對大哥的稱呼）攀談，但想想，還是不要造次好了，免得我又說錯了什麼，他一生氣，把我丟在路上，豈不糟糕。

大約過了十來分鐘，遠方停著一部部的遊覽車，司機大哥把車子放慢，遲疑一下，然後停了下來，轉頭跟我說，前方就是渡船口，要我自己走過去。這是什麼情況啊？後來仔細一想，司機大哥用他休息的時間，然後開著公司的車，私下載我過來，而且也不是正常發車的時間，說不定他為了我，要捱公司長官一頓訓話呢！我懷著無上的感激，眼睛充滿著真摯的淚光，再一次跟他深深彎腰敬了禮，大哥還是一樣靦腆地跟我擺擺手，要我趕緊過去，不要又錯過船班了。

人的一生能有多少貴人啊？我在嵐山碰到的都不是知名知姓的人，但是他們無償地對我伸出溫暖的手，讓我在旅途中留下美好的回憶，這不就是我出來旅行一直期待的邂逅嗎？我默默給自己定下承諾，往後我也要如他們這般無私幫助需要的人，我也要成為別人的貴人，把好的善念傳遞出去。

嘿喝嘿喝 渡川囉

終於，搭上船上了，「哈，啊——！」再一次在心中長嘯。

當我把船票交換券拿給櫃檯時，他們遞過來一張紙要我把名字寫上去，然後要我認真聽廣播，叫到我的名字後就可以上船了。這個有點老式的做法還真讓人有些狐疑，如果他發音不準；或者我又到處亂跑；閃神了沒注意，那不就不用搭了。

這下子我更是繃緊神經，乖乖坐在等候室裡，我可不希望人家好心送我來，而我卻又搞砸了。等待的時間真的像是坐在火燙的砂礫上，我只要一聽到廣播就會站起來往碼頭看，搞得我身邊等待的船客也跟著緊張。

好不容易，我聽到「YOSAMA」（葉姓客人的日文發音），馬上跳了起來往碼頭去，接待的人遞給我橘色救生衣，問我要坐哪一艘，我才仔細觀察。碼頭上排了兩艘木板船，其中一艘已經坐了大半的人，另一艘則是尚未有人登船，要坐當然是坐船的最前面囉，我問仔細了，就往後面那艘走去，然後坐在最前頭。

陸陸續續的，船也就坐滿了人，這木板船身比一般泛舟的橡皮艇要大一些，可以容納約二十人，通常是一排坐三到四人，總共有五、六排。我等待已久的心願終於要實現了，興奮的心跳聲，總覺得旁邊的人好像也聽到，因為他們一直看著我，後來才知道原來是救生衣沒扣好，這真糗大了。

還好船家大哥一看我穿好救生衣就把船推離碼頭，沒讓我臉紅太久。木板船前面分別站著兩位撐竿的船夫，最後方則坐了一位搖櫓掌舵的。就這樣我們要把生命交在他們的手裡，「媽祖保佑」，希望一路渡川，能夠順順利利。

坐在船首，真是一件很刺激的事。

撐竿大哥很活潑健談，一邊撐篙，注意川中狀況，躲開暗礁，一邊還能擺擺POSE，讓我們拍照。但是他的嘴巴就是一直沒停過，一下要大家自我介紹，一下子發出各種鳥叫聲吸引大家的注意，過急湍時又故意發出尖叫

上：渡舟前方兩位操控舟行的大哥
下：渡舟後方掌舵的大哥

前方是落差極大的激流

聲讓大家心都吊在半空中。不時還會哼著演歌來娛樂大家。

這樣一趟木舟泛川十幾公里的遊程，他老兄跟另一位搭檔合作無間，忽左忽右，跑前跑後，這艘小木船就這樣被他們熟稔的馭舟能力，給擺弄得順順當當。

有時碰到平緩的區段，他們還會丟出兩支槳要坐邊邊的男性遊客幫忙划。也會故意把船往險灘駛去，給我們來個五顆星的急速下墜。不然就是衝入較高的水位處，讓水花揚上來打溼我們，所以我說坐船首是件很刺激的事，因為我除了救生衣包住的地方沒招水患，其他地方連褲子都濕了。還好秋高氣爽，等到下船時，衣服差不多也乾了。船家也很貼心，還準備吹風機毛巾之類的東西供大家使用。

峽谷風光保津川

這趟搭船遊保津川，終於實現了，原來是如此有趣。不過秋天的山林並不青翠，反而有種要變聲前的沙啞之感，且樹葉也呈現一種青黃不接的萎靡，是我來的時間不對嗎？還是景色就是如此？不行，我下次還得換個時間來看看。

接下來，我分別又來了兩三次，都是在夏季水位最高的時候。這時山色是不同色層的綠，草綠、嫩綠、黛綠，映上水面又是碧綠、鈷綠、青瓷綠。陽光下又呈現不同的色澤，彩虹也在水波揚起時頻頻出現，我的視覺得到很大的舒緩。

峽谷吹來清淨涼爽的山風，搭配船夫的歌聲，我也跟著打拍子，有了前次的經驗，不會再被船大哥的尖嘯給嚇到了。

船行會經過一些有趣的地方，好比船伕會敲敲石頭，讓我們聽出不一樣的聲響，也會告知我們當地有名的「青蛙石」、「獅子岩」，乍看都不像，但是到了某個位置卻又十分逼真。

峽谷兩側緊逼時，川水急促，落差又大，通常是最為刺激的，有時甚至有接近九十度的垂直過灘。後來才知這段連逆流而

上：保津川風光
下：山側出現「トロッコ」火車

上的魚都很難過得去，而我也不例外地每次總是在此衣服全濕，就算是選了船中間的位置也躲不過這水花波及。

小木舟到曲流段，船速變慢，反而可以好好欣賞兩岸風光，而此處也是最多人拍照的地方。只見兩岸都有高射炮相機架著，船夫也會要我們擺出最棒的笑容入鏡，因為到下游時就會看到自己美美的照片被洗出來，當然要不要買就隨個人意願了。

此時若遇到山崖邊的嵯峨觀光火車駛過來，船夫會舉起手臂要大家跟火車上的乘客來個相見歡。車上船上，都不吝惜伸出手來互道珍重。這樣的感覺好像四海一家，不分彼此。

聽說峽谷最美的景色是春天滿山粉嫩紅櫻，以及深秋樹葉變色時的熱鬧。可惜我好幾次來都沒搭到，因為旅客太多了，沒有早早去訂位，真的什麼都看不到。

船到了下游，水面遼闊，兩岸慢慢出現高檔料亭的身影，真是有眼光啊！果然是高檔的，懂得選在這片山林清幽處營生。這時，突聞燒烤香氣，我抬頭四望，靠在崖邊有好幾艘掛著食簾的小船，慢慢駛近這邊，原來是來兜售的小雜貨船。

有次，我邀朋友一起同遊，她的兒女正值青春期，忍不住就被香氣給誘惑，買了串燒魷魚嘗鮮，我也嘗了一口。就我們一路的尖叫吶喊，肚子也真的有些空虛，這時吃什麼都好吃。

左：保津川的流動攤販
右：開心吃著燒烤的母子

神遊時間 約 1.5 小時

依據船班跟水位高低略有差別，舟行時間大約需 1 個半小時。

怎麼到保津川遊船口

大眾運輸

- 由 JR「龜岡」站徒步約 8 分鐘即可抵達。
- 搭乘嵯峨野觀光火車在「トロッコ龜岡」站下，有接駁車可搭乘。

自行開車

- 在京都縱貫道「篠交流道」下高速公路，行經國道 9 號約 10 分鐘即可抵達。

地址：京都府龜岡市保津町下中島 1

電話：077-122-5846

營業時間：3 月 10 日～ 11 月 30 日（9:00 / 10:00 / 11:00 / 12:00 / 13:00 / 14:00 / 15:30）；12 月 1 日～ 3 月 9 日（10:00 / 11:30 / 13:00 / 14:30）

船費：大人 4,100 日圓；兒童 2,700 日圓

保津川遊船官網：http://www.hozugawakudari.jp/cn/history-cn

05

五山之首
天龍寺
TENRYUJI

天龍寺的庫院

前往天龍寺的心情好比重拾夢中零碎的記憶。這是一場追夢的旅程，也是一種心靈的洗滌。如果這一切都是命運的安排，那在好久以前，這些熟悉的景象就曾斷斷續續出現在我夢中，如今夢中的殿堂，終於展現在我眼前。

尚未走入寺院，我就被海報上那似曾相識的畫面給吸引，等到接近的那刻起，模糊的夢中情節一一到位、如實展開，讓我有如醍醐灌頂般豁然開悟。釋迦摩尼佛祖在菩提樹下領悟，我則是在此了悟。原來夢中的一切，就像是人們常說的神啟嗎？我不知道，我只清楚自己此時就如久旱逢甘霖，乾涸枯竭、沾滿塵垢的心靈在此得到了洗淨。

坐落在嵐山精華地段的天龍寺，占地寬廣、氣勢恢弘，是京都五山之首。最先迎接我的是總門上「大本山天龍寺」的門牌，簡潔而有力，有告知世人天地間唯我獨尊的氣概。跨過大門檻，一個機靈，我先前那股吊兒郎當的態度，馬上收斂了起來。慢慢走進，參道旁有很多小院落，有如舊時皇朝的大殿前站在紅地毯兩側的文武百官，靜靜肅立著。一棟約三層樓高、黑白建築的庫院慢慢在眼前放大。從此進入，我的心智就要開啟不同以往的領悟。

大本山天龍寺

（註）京都五山所指的是天龍寺、相國寺、建仁寺、東福寺及萬壽寺。

天龍寺 達摩畫像

達摩祖師身穿袈裟，手持降魔杵一葦渡江，跨越層層阻礙來到東方傳教。身形龐然、雙目炯炯有神、前額微凸、絡腮鬍、大耳垂，都是他常見的形象。

但是走進庫院，玄關放著一幅大屏風，迎面而見的達摩像，卻只有大大的頭像，黑粗筆勾勒的形貌，紅色大袈裟，炯然有神的雙眼，直視著來者，剎時，我彷如當頭棒喝，一時清明。

清明我一直困擾的人際關係：我常因個性耿直、大而化之，說話不分場合得罪了人，自己還渾然不知，這也讓我處處碰壁，陷入困境。於是我試著放低身段，虛意附和，卻又讓自己覺得虛偽，越發想逃離人群，不願與人交往。我，早已失去真我，每天渾渾噩噩，虛應故事。這樣人生的意義究竟在哪？我完全無法得知。

但是當我跟達摩像眼神交會之時，我彷然觸摸到一點靈光。我感受到所謂的人生，是決定在我的手上，而不是人家的嘴上。我再如何地討好，總會有人不滿意，如果是這樣的話，那不管我做什麼，其實都會招致不同的反應，如此一來，我何不找自己最能接受的方式呢！我愈在意的，往往是自己最不願的妥協，那如果我不再在意呢？是否就可以逃離那無窮的煎熬？

這樣的想法一旦閃入我的腦海裡，雖然還有些模糊不真實，卻已經幫我點出一個方向，一個通向自我心靈成長的路。

上：玄關大大的達摩像
下：戰國時的轎子

大方丈堂的迂迴

大方丈堂是天龍寺最主要的建築，迴廊式的設計，讓人無論身處哪一面，都能欣賞到不一樣的景致。

當我還在混沌之時，這迴廊正好提供我細細深思的轉折。眼前是繁花似錦的畫面，我腦海也不斷閃爍著以往與人交際的種種。我省思怎樣才是讓自己與人平和相處的最好模式，也琢磨要如何與人在互動當中不至於有缺失或遺憾。

走在迴廊裡，設計有巧思的院落，有著高低落差的變化，我一方面要小心地走著，一方面又不時停下來與內心的自我交談，看在他人眼裡，想必我是個精神異常的人吧？

不過，管他的。如同剛剛才得到的結論，我必須深刻了解到，我是無法滿足每個人的，這樣處處討好妥協委屈，不是一個有健全人格的人該有的行為。我是我的主宰，我該知道何者可為與何者不可為，還有我可以退讓的底線是什麼，這個也是我要釐清的部分。

大方丈堂正提供這樣一個讓人可以好好省思的場所，坐在寬敞的大殿，新換好的榻榻米有著

左：大方丈堂
右上：大方丈堂的迴廊　右下：從大方丈堂看到曹源池

純自然的蘭草香，讓人可以暫時放鬆緊繃的情緒。望向庭園，一花一世界，正好與這複雜的人際社會相互輝映，如果花草都能相安無事，盡展自己的風華，那我一定也可以找到與人平和共處的平衡點。

天龍壁

曹源池的不動心

在天龍寺裡最被人稱道的是位在大方丈堂西邊的曹源池庭園，他的年代最久遠，遠自室町幕府時代。

天龍寺曾因戰爭被破壞焚毀，現今看到的寺廟院落都是後來修建的，唯有曹源池是建造初起就存在了。他的庭園設計融合嵐山的地景，延伸出一幅如詩如畫的景色來。花木修飾得姿態風雅，層次分明，瀑布流水是畫中的背景音樂。整個庭園化動者為靜，再以靜來演動，像是太極拳裡的推托拉放那般自在寫意。

我選了個好位置坐了下來，靜靜觀看，默默沉思。這一切就如我夢中所見，原來為了與她（指曹源池）邂逅，我整整鋪陳了好些年。

大方丈堂的松樹

泉水聲潺潺如低吟，蟬聲唧唧如警鐘，我心不為所動，眼前的物象，轉化成我心靈的綠園地。我彷彿是棵小樹扎根在心田，一片清泉圍繞著我，我吸收天地靈氣，展開雙手，像樹枝一般，嫩葉一一開展如一把大傘，保護著我。我站在自己的一方世界裡，緩緩吐納著，一股正向的能量正從我的丹田增生。我沐浴在光跟愛的喜悅中，這是一種對自我的肯定，我是真實存在的。我終於能體認到人我的不同，我是一個完整的個體，我在人群中與人互動，但我不因人鼓弄而起舞，我是自在的，我擁有真正的自我意識。

曹源池的庭園是否給了每個人同樣的感受，我不知道，但我真實領略到一股對自我成長的喜悅，我是動態的，但我不動心。

上：遠望曹源池
下：曹源池

神遊時間 約30分

只遊走，時間大約需30分鐘，要沉思就依個人需要。

怎麼到天龍寺

大眾運輸

- 由京福電鐵嵐山本線「嵐山」站徒步約 1 分鐘即可抵達。
- 由 JR 嵯峨野線「嵯峨嵐山」站徒步約 13 分鐘即可抵達。
- 由阪急電鐵京都線的嵐山線「嵐山」站徒步約 15 分鐘即可抵達。
- 在 JR「京都」站可搭乘市巴士 11、28 或 93 號在「嵐山天龍寺前」站下車即可抵達。
- 在 JR「京都」站可搭乘京都巴士 61、72 或 83 號在「京福嵐山駅前」站下車即可抵達。

自行開車

- 在名神高速道路「京都南交流道」下高速公路，行經國道 1 號、九条通、西大路通及四条通約 40 分鐘即可抵達。

地址：京都府京都市右京區嵯峨天龍寺芒之馬場町 68

電話：075-881-1235

參觀時間：08:30 ～ 17:30（10 月 21 日～ 3 月 20 日提前至 17:00 關閉），全年無休。

門票： 大人 500 日圓；學生 300 日圓

06

KEIFUKU DENKITETSUDO

京福電鐵
任你行

嵐電的櫻花隧道

來京都次數很多，搭嵐電——京福電鐵嵐山本線的次數卻寥寥可數，原因之一是嵐電行走的路線太偏一隅不是很方便，其二是到嵐山的方式太多了，我大都選擇市巴士或JR嵯峨野線。

話說，我常被日本旅遊宣傳照片上，那只有一到二節車廂的地方鐵道線給定格。風景美不說，那種天地悠悠我也悠悠的怡然，對比工作時的緊張繁瑣，實在是太吸引人了。心中一直給自己暗示，不去不行啊！一定要來走一回。

在我的計劃單上，東京有荒電，大阪有阪堺電，那京都就有嵐電跟叡電。這次櫻花盛開，我買了「地鐵＋京福電鐵一日券」，這下可以仔仔細細觀賞沿線風光了。

地鐵嵐電一日通行票

我在京都車站先利用地鐵東西線來到「太秦天神川」站，然後接東口位置的京福電鐵「嵐電天神川」站，到「帷子ノ辻」站換往嵐山方向的列車。這一連串的轉車換車無非是要讓我感受「好事」多磨的心情。

這樣的「好事」就是體驗季節的美。無論是平安神宮護城河的垂櫻，還是二条城的春櫻，抑或是平野神宮的櫻花祭，都沒有嵐電上這一條「櫻花軌道」讓人驚喜。

原本我只是站在無人駕駛的

走在路面的京福電鐵

櫻花隧道

電車上，從車窗往外看沿途的街景，沒想到一個「硄鏘」的瞬間，就進入這粉紅粉嫩的世界。軌道兩旁布滿了櫻花樹，滿開的櫻花串聯成林，我彷彿墜入櫻花隧道，這樣的景象平生首見，我大驚小怪，猛按相機。列車上除了當地的老百姓鎮定如常，其他的乘客都跟我一樣瘋了，讚嘆聲此起彼落，車廂被櫻花透了進來，花瓣在車廂內飛舞散落，多麼神奇的一刻，我在心中暗道活著真好。

泡泡足湯 好悠閒

終於來到嵐電的終點站「嵐山」。想當初，我跟姊姊受困的嵐山站，還只是個小小的車站，怎知這幾年，京都成為最受外國人青睞的城市，嵐山的觀光價值也水漲船高，搭上這個順風車，嵐電嵐山站經營得更是有聲有色。

走出月台，車站已全面商店化，兩側盡是吃食與物產店，販賣的東西雖然繁多充裕，但早被絡繹不絕的遊客擠得水洩不通。

其實嵐山站的中間月台，有個足湯可以泡腳，若有空閒，不妨在商店街買個好吃的東西，然後來此，一邊泡腳一邊享受（以前可以，後來改成在月台上就不

可以在上面用餐的足湯

嵐山站的足湯

行了），這才是人生真諦啊！以前足湯設在入口處，是免費的，但是現在移到月台上，又要另行收費，可能是為了管控人潮。這也是一種很好的管理方式，至少不會人擠人。

連日的奔波，走的路比平時都多，「要能走」是自助旅行中一定得具備的體能。但是泡泡足湯讓自己的腳底得到舒緩，則是一件十分划算的活動。足湯池旁還有茶屋，方便想吃食的旅人。夏日來罐清涼的啤酒，冬天來碗熱呼呼的紅豆抹茶麻糬都是很棒的享受。

法式熱狗羊腸捲肉

其實我要介紹的是商店街裡一家法式熱狗店，特殊的羊腸捲肉，搭配辣到嗆舌的醬汁，無辣不歡的人，一定要來體驗一下。

離情依依 渡月橋

日落西隅行寂寥
月出東山照依偎
相約何時重相逢
渡月橋上話別離

嵐山的渡月橋，自古以來就是文人墨客最愛使用的道具之一，我也東施效顰一下，來點詩情畫意。相傳室町時代後龜山天皇有次行經渡月橋，恰巧是月上枝頭、烏雀紛飛之時，他看著月亮，月娘好像一路跟著他從橋頭到橋尾。天皇突然一股浪漫情懷

遠望渡月橋

上：春色迷人的大堰川
下：渡月橋

升起，就把這橋取名渡月橋了。

渡月橋橫跨在大堰川之上，大堰川從此而下，稱桂川，下方就是桂離宮，再往下去就會跟鴨川相逢了。一離一合恰恰印證了渡月橋的悲歡離合。

我有關渡月橋的傳聞來自於我的大姑姑，她讀小學時還受著日本教育。她跟我說在渡月橋上與人話別千萬別回頭，不然就再也見不到他了。我的腦海深深烙印著這樣的故事，那時跟媽媽走在渡月橋時，她要回頭喊爸爸快點跟上，我一時緊張居然把她的頭固定住，不讓她回頭。想來當時真是天真地好笑，可如今我再也見不到他們了。

回憶像是鐘擺，來回擺盪縈繞在我的腦海裡，站在渡月橋上欣賞的雖是大自然與人工的和諧之美，但我更像是看盡一幅幅人生的微光片羽。時間公平地給予每個人，也無情地不做任何停留，川水滔滔，落英繽紛，我的青春時光，再也不會回頭了。

神遊時間

約**10**分

只遊走，時間大約需10分鐘。

怎麼到渡月橋

大眾運輸

- 由京福電氣鐵道嵐山本線「嵐山」站徒步約 1 分鐘即可抵達。
- 由 JR 嵯峨野線「嵯峨嵐山」站徒步約 10 分鐘即可抵達。
- 在 JR「京都」站市巴士 71、72、73、74 號，在「嵐山」站下車，徒步約 2 鐘即可抵達。（京都巴士跟市巴士在單一票價區票價相同，但過了單一票價區外則需另外收費，請多留意。）

自行開車

- 在名神高速道路「京都南交流道」下高速公路，約 40 分鐘即可抵達。

地址：京都府京都市右京區嵯峨天龍寺芒之馬場町

電話：075-861-0012

MAP

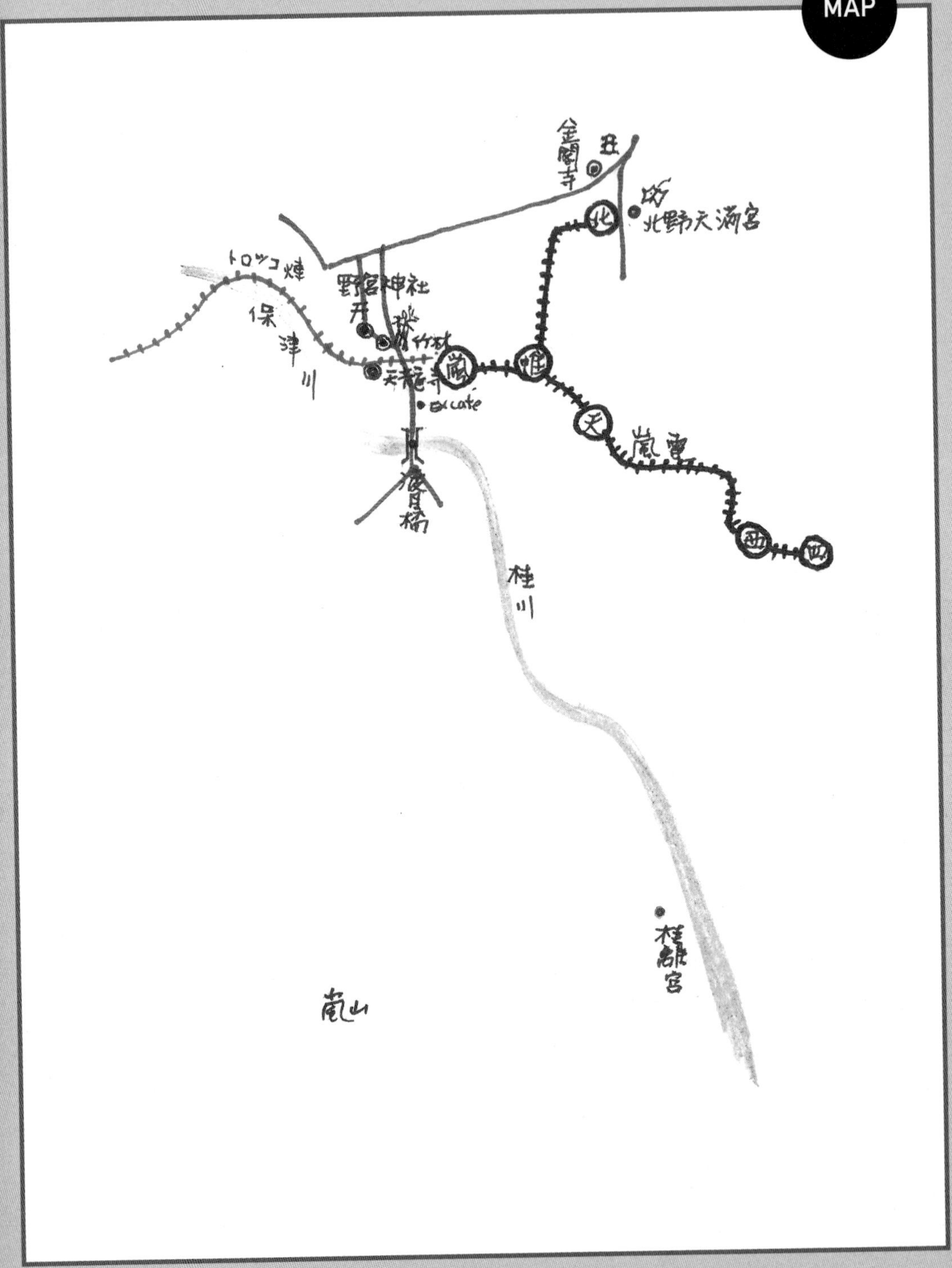

天龍寺的庫院

濠川上櫻花正盛

第三章

南朱雀

神遊洛南

京都的富庶在洛南

被鴨川、桂川、宇治川三川合灌的京都南方，有著豐富的水資源。水道縱橫讓伏見、桃山、宇治成為京都的米庫、酒倉與茶鄉，來京都漫遊怎麼可以不去看看這些將京都餵養得如此豐潤的地方呢？

01

東寺
TOJI

東寺身為京都古城的門戶，負有守護京都皇城安危的責任，因為古時認為鬼怪皆是從南方朱雀大道上過來，所以守護南門很重要，東寺從設計到完工謹守著護國寺院的規矩。東寺也是京都最古老的佛寺，一切建置的規模皆為日後各佛寺仿效的準則。

請稱呼我第一名寺

京都初建之時，日本朝局還動亂未明。桓武天皇為了一清朝野外戚干政、僧侶亂國的情況，決定遷都，將首都從長岡京（今京都市西南方向的向日市附近）遷到平安京（今京都市中心位置）。

接著，他為了預防南方的佛教勢力進入，又頒布命令，嚴格禁止佛院進平安京建新寺。但是疑神疑鬼的天皇，卻又在南方朱雀大道上的正門——羅城門兩側建東寺跟西寺，用以護守京城。所以東寺和西寺就成為京都最早的佛寺。

真言宗總本山東寺

與所有的生存遊戲一樣，戰爭跟火災，永遠都是木造建築的天敵。東寺與西寺也逃離不了這種遊戲規則。只是東寺有弘法大師空海的光環坐鎮加持，才能在戰火後，一次次重新挺立在世人眼前，保留到今日，並成為世界文化遺產。而西寺的命運就沒有那麼好了，只留下一塊碑石，告訴世人，我曾經也風光過呢！

京都的地標 五重塔

穿過東寺的南大門往右手邊望去就可以看到那名聞中外的五重塔，純木造是他的特色，而能存活至今那就是他的傳奇了。

其實把東寺建造出來的正是那位提昇日本文化（將中文草書編寫成日文的平假名），將佛教密宗帶入日本（讓日本成為佛教領域的國家）的遣唐留學僧空海，他對日本的貢獻絕不是五重塔的高度就可以比擬的。

自從我看了夢枕貘所寫的《沙門空海》後，就去除了我對空海大師硬梆梆的制式印象（教科書上的描述）。他變得有血有肉了，是跟我們一樣呼吸著空氣，一樣享受著陽光與月光照撫的人。然而他又是那麼不同凡響，他的成就像是平安時代那烏煙瘴氣中的一朵清蓮，也是黑夜中的一道曙光。

空海大師在唐朝長安城的時間，並沒有如玄奘法師赴西域取經那麼久，但是唐朝豐厚的文化薰陶，以及長安城中各宗教如並蒂開花般的蓬勃，一定對從蕞爾小國來的他，帶來很大的衝擊與影響。

兩年後，從唐朝再回到祖國，空海大師的內心究竟是豐盈還是遺憾呢？發生在他身上的事情實在太多了，絕不是課本上、歷史上，那寥寥幾句就能說得清的。而空海大師一定也想為自己在唐朝的那段日子留下回憶，東寺的建造應該就是最好的紀念吧！

五重塔的建造，就如同大雁塔（中國西安大慈恩寺內，是玄

上：東寺南大門
下：日本桃山文化代表——金堂

左：弘法大師宣傳佛學的講堂
右：粉色的櫻花與沉穩的五重塔相互映襯

神遊時間
約30分

只遊走，時間大約需30分鐘，有市集時請自行斟酌時間。

怎麼到東寺

大眾運輸

- 在 JR「京都」站可搭乘市巴士 78、19、42、16 號在「東寺前」站下車，徒步約 1 分鐘即可抵達。
- 由 JR「京都」站徒步約 15 分鐘即可抵達。
- 由近畿日本鐵道京都線「東寺」站徒步約 10 分鐘即可抵達。

自行開車

- 在名神高速道路「京都南交流道」下高速公路，行經國道 1 號線 3.5 公里約 10 分鐘即可抵達。

地址：京都府京都市南區九條町 1

電話：075-691-3325

開門時間：
3月20日～9月19日：05:00～17:30；9月20日～3月19日：05:00～16:30

參拜時間：
3 月 20 日～ 9 月 19 日：08:30 ～ 17:30；
9 月 20 日～ 3 月 19 日：08:30 ～ 16:30

奘大師存放佛教經典的地方）是玄奘法師的藏經塔一般，空海大師想必要藉五重塔來對三藏（玄奘法師的尊稱）法師的成就敬禮。因此，就我個人觀點，大雁塔七層，而五重塔五層，這樣的尊崇與謙卑是可以理解的。

五重塔的木造結構莊嚴恭謹，第一層到最後一層都緊守規矩，沒有依次遞減，這是否又跟空海大師內心的宗旨有關——在佛的世界裡，是人人皆平等的。

弘法市集裡尋寶物

來京都，一定要去逛逛他們的市集。市集選定的日期通常都是寺廟的「緣日」——與人結緣的日子。由於京都的廟寺很多，所以大大小小的市集也因應而生。東寺的弘法市集，選的日子是弘法大師空海的忌日（二十一日）。

每個月的二十一日一大早，東寺前就排滿了攤位，一個接著一個，完全沒有空隙。不多久人聲開始鼎沸，再晚一點來，就只能跟著人潮隨波逐流，想要好好細看得要有十分的耐心。

在弘法市集中，什麼都有，也什麼都賣。一般以舊和服、古著、古董，或是二手家具、日用品為主，其中也有舊碎布、醃醬菜的，真的是五花八門，不一而足。

我的戰利品——鐵鑄壺

我通常是到了舊貨攤就走不下去了，頭也沒抬起來過，因為太多古物吸引我了。我搬了好些東西回家，其中鐵鑄壺是最多的。有些鐵壺根本不能再使用，但是他斑駁鐵鏽的地方又是那麼有時間感，總之就是跟我有「緣」，因為是緣日嘛！

當然，也有些假貨冒充，因此鑑定的功夫就很重要，我呢，眼拙，看東西全憑感覺，所以感覺對了，荷包也負擔得起，那就帶回家囉，至於是不是真貨，完全不在我考慮的範圍內。

東寺的弘法市集

02

伏見稻荷

FUSHIMI INARI

伏見區水量充沛，水質優，自古就是豐腴之地。她孕育的甘泉是美酒，她懷抱的土壤是良米，她吐露的雲霧是茶香。

人氣超旺的狐狸廟——伏見稻荷大社

可以連續三年獲得最受外國人喜愛的觀光景點第一名，這伏見稻荷大社真是人氣一級棒的。我來了很多次，但總是像沾醬油般匆匆掠過，從沒好好仔細走玩。

這次我選了深草附近的飯店，距離大社只有十分鐘左右的腳程，因此我可以很悠哉地，從早到晚，慢慢在此處遊蕩。

其實呢！這次所選的飯店，我在挑選與下單的過程中考慮許久，因為深草遠離市區，必須多次轉換交通工具才能抵達。但是住宿價位便宜，重點是他離大社很近，所以我就更改遊玩的計畫，把重點放在南方的小鎮上，這樣就可以省去很多轉乘的時間。

但是，我在網路上挑來選去，結果卻印錯飯店的位置圖，跑到草津去了。兩家飯店的名字

上：連續三年第一名的宣傳旗
下：繪馬也是紅色鳥居

十分雷同，我也沒細看中間的差異，還好草津飯店的櫃台人員很快幫我找到原來的飯店，並且幫我重新列印地圖，最後還親切地把過去的車次時間也列印出來。小鎮的人情味如此之重，我又再一次受到陌生人的幫助，這世界其實存在著許多美好，只是我被太多俗務蒙蔽了心靈，出來走走的確是讓自己獲得善能量最好的方式。

稻荷大社，就我所知，始建於奈良時代，供奉的是掌管農事與商業的稻荷神。而能成為「大社」，不但社格高於一般「神社」，還是所有稻荷神社的總本社。距離稻荷大社初建已經有一千三百多年了，其靈性早已深入京都人的生活中。

從JR「稻荷」站望去，橘紅色大大的鳥居就矗立在眼前，過個小小的馬路（其實車潮洶湧），沿著寬廣的參道走，兩旁楊柳垂肩，綠蔭盎然，身旁各色「異人」羅列，各域方言雜沓，大家爭相拍照留念，我也曾幫忙他們拍團體照，此處堪稱聯合國之親

大紅鳥居的後方是樓門

善大道，實不為過。

穿過層層拍照人團，來到大殿，殿前矗立著稻荷神的使者——狐狸（所以我也喜歡稱稻荷神社是狐狸廟）。狐狸塑像剛猛嚴肅，口中咬著一把開啟人間富裕的鑰匙。難怪有那麼多人來朝拜，尤其是以靠人吃飯的商人，更是對稻荷神社崇敬不已，單就稻荷山上滿滿的鳥居，就足見他們的虔誠。

往大殿後方走去，沿途散布著各式各樣的狐狸造型塑像，通過第一層紅色鳥居，就來到分岔點，左右兩道的鳥居皆可通往後方的奧宮，那是祭拜稻荷山的御山之地。宮前的繪馬（日本的祈福卡）滿滿都是狐狸造型，有趣的是，你可以隨自己所好，在繪馬上畫上圖樣，再掛在祈福亭上，因此祈福亭上的繪馬都十分有個人風格。

奧宮的右後方有一對燈籠，燈籠裡有「おもかる石」——重

上：主殿與前方的狐狸使者
中：千本鳥居起點
下：千本鳥居內燈籠

輕石，那是一種對自己信念與期望的試驗。當你對著神祇有所求，投下奉獻的金額就可以去舉起石頭。如果石頭比你想像中的輕，那願望就輕而易舉，一定能成；但如果比你想像中重，那就遺憾了，得再多努力。這樣的檢測根本就是考驗人的心虔不虔誠，如果硬要操縱結果，定是

左：狐狸繪馬　　右：誠心地寫上自己的心願

重輕石

神遊時間

約30分

只到奧宮，時間大約需30分鐘。

怎麼到伏見稻荷大社

大眾運輸

- 在 JR「京都」站搭 JR 奈良線在「稻荷站」下車，出站口即抵達。
- 搭京阪電鐵在「伏見稻荷」站下車，徒步約 5 分鐘即可抵達。

自行開車

- 距離名神高速公路之京都南交流道車程約 20 分鐘。
- 距離阪神高速公路之上鳥羽出口車程約 10 分鐘。

地址：京都府京都市伏見區深草藪之內 68

電話：075-641-7331

參觀時間：自由參觀，全年無休

伏見稻荷大社官方網址：http://inari.jp/zh-tw/

層層疊疊 又彷彿是約定好的
大家長得差不多
一排起隊伍就壯觀了
世人見到你們
連聲讚歎
又怎知妳們
風雨無阻
為神奉獻
2016.9.22

那火紅
究竟是對神祇的崇敬
還是良心的救贖

想的重，然後好舉。我試過，還是別跟神開玩笑玩心機，一切要心誠然後順其自然去舉石頭，方能得到真正的答案。

千本鳥居的稻荷山

住在稻荷大社附近有個好處，即享受一早進大社沒有人潮的清幽，山色青青，涼風習習，就算盛夏也完全沒有感覺到溽熱。

來到奧院的登山口，我要挑戰千本鳥居，登上稻荷山之巔。紅色似火的鳥居沿著山路不斷蔓延，這畫面有些詭異，走在其中，若非身旁不時有清晨跑山運動的人，我實在沒有多大的勇氣爬上去。

鳥居一層疊著一層，密布整座稻荷山，有的甚至堆擠到一點縫隙也沒有，陽光根本照不進來，圍在外頭不斷地尋找一絲絲可以探頭的地方。我被包圍在紅色的隧道裡，神魂有些抽離，腳步漂浮，全身像是無重力般，唯一信念就是要走上山上的最高點——「一ノ峰」。

靠著意志力來到「四ツ辻」，這裡出現轉折的分岔點。看著地圖，我尋思如何走才是，最後以「右」為先，因為英文裡「right」也有對的意思，所以走右邊就是對的路，就這樣，我踏

大鳥居擺不進去，就換小鳥居一樣虔誠

左：稻荷山之巔「一ノ峰」拜殿末廣大神　右：狐狸御手洗

左上：階梯綿綿不絕需要很大的體力
左下：「間ノ峰」遠眺京都平原
右：層層疊疊的鳥居彷彿沒有盡頭

上右方上山的路，往「三ノ峰」的方向前去。

前往「三ノ峰」的路平緩多了，但兩側也多了一些家族式或其他神祇的小祠堂，裡面也掛了滿滿的小鳥居。本來我就被稻荷山上千本鳥居的數量給震撼住，一直存有一窺究竟的慾望，如今我的眼睛已被滿山滿谷的鳥居馴服到疲乏了，心想「天長地久有時盡，鳥居層層無絕期」，怎麼還沒完啊！到底有多少呢？想要數已經欲振乏力了。

過了「三ノ峰」，山路開始出現陡坡，階梯的數量越來越多，高度更增添了腿力的負荷，我氣喘吁吁地爬到「間ノ峰」，心臟大幅度的跳動讓我整個臉紅潤不少，全身早就汗水夾擊，胸前後背，一片淋漓。

稍作停留，此處已經可以遠眺整個京都平原了，下方的紅塵似乎還未滲透過來，山路上只剩我一人孤單地走著。這時拿什麼來壯膽呢？唱歌好了，從小的記憶總是如此；走在月色深沉的田埂上，趕在清晨天濛濛亮時去上學，那些只有我一人時的日子，陪伴我的總是自己的歌聲，歌聲雖未臻完美，但有安全感。

我靠著歌聲的鼓動爬上「二ノ峰」，山勢更是狹隘陡峭，唯一不變的是層層紅色鳥居依然屹立著。既然鳥居能到，表示我也能到才是，一股傻勁讓我再次提起所剩無幾的體力，再堅持一下吧，千萬不要功虧一簣。

前方「眼力社」旁的雜貨鋪，老闆娘一看到我的身影就很親切地要倒茶給我喝。說真的，我汗已經流到整個人快虛脫，水壺早就空蕩蕩了，趕緊接下她的好意，一飲而盡。親切的老闆娘還問我要不要再一杯，當然啊，喝下清涼的山泉茶水，整個人精神都來了。看看雜貨鋪賣的紀念品，有用三個米糧包堆出的幸福祈福包，煞是有趣，於是就跟她買了大、中、小三個。老闆娘拿起我要的東西放在櫃台上後，便用銅錢幣跟火石互相敲擊，打出的火星隨著她的祈福咒送入我的禮物裡。我第一次看到這樣神奇的畫面，問她可不可拍照，老闆娘很樂意為我再做一次，真是太有人情味了。

眼力社老闆娘為我祈福

哈！有了老闆娘熱情加持，我一鼓作氣直上山巔。終於，「一ノ峰」到了，我的雙腿已經不自主地抖動，膝蓋更是僵硬到不行。本以為最高峰的地方，可以看得更清楚山下的人間，沒想到根本是不可能的，因為前方擋著一家小小的紀念品店，沒開，是時間沒到，還是沒生意不想開呢？

我稍作休息，後方出現了話語聲，可是有人也爬上來了。原來是商家來開店營業了，我跟他們點了點頭，就繼續往「御劍社」方向走下去了。下坡的路依然是陡峭的，只是速度變快了，一下子就回到「四ツ辻」，想想，我選的路是沒錯的，如果選

左：「四ツ辻」茶屋的熱賣品——霜淇淋　右：「四ツ辻」茶屋

御劍社的方向上去，路雖短但是坡更陡，我一定會更累，還好我從緩坡慢慢拾級而上，最終也是抵達山巔了。

旁邊一家「四ツ辻茶屋」，既可坐看山景又可品嘗好吃的黃豆霜淇淋，讓全身的疲憊一掃而空。

神遊時間 約2-3小時

可長可短，一個人腳程來回一趟，大約需2到3小時。

難得一見的稻荷祭

清明剛過，稻荷大社也要迎接他們重要的「水口播種」祭祀了。祭祀的重點在播種，讓稻子好好在田裡發芽茁壯，讓百姓這個年有豐裕的儲糧可以溫飽過冬。稻米能否豐收跟稻荷大社的名稱有著十分密切的關係。

相傳在遠古時代，伏見深草地區有一位村中的長老將麻糬當成箭靶，發箭射中之後，麻糬化成白鳥飛起，落地的地方居然長出稻穀。於是當地人將此事當成神的啟示，就在此地建神社祭拜，並將神社取名「稻荷」，這就是稻荷大社名稱的由來。

既然大社跟稻米有如此緊密的關連，那麼在春日時光所做的祭祀，自然就跟人民的溫飽有著千絲萬縷的不可分。

祭祀的中心在一畦水田中，一面用白藍相間的幡帳圍住，祭祀人員穿著古制禮服，由主祭官

狐狸使者嘴上含著是稻穀

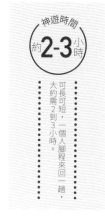

帶領，手持稻米、神器，站在前方，口中念著祈福豐收的祈福語。接著由大約十來個載著斗笠穿著農事服裝的人，打著赤腳走下水田，然後插播秧苗，這一連串的動作，流暢自然。整個祭禮過程莊嚴隆重，象徵對農業豐收的敬重。

其實，稻荷大社作為稻荷神社的總本社，祂的祭祀活動非常多，幾乎一年四季每個月分都有，如果時間安排得宜，也可以在五月三日，來觀看他們最重要的「稻荷祭」。滿滿的信眾從正殿擠到樓門，神官們身著一式的古制禮服，就是那種高高的配有長長尾巴的黑禮帽、寬大的白袍，祭禮過程繁瑣莊嚴，一絲不苟。最後還有神轎巡遊，整個祭禮場面就是萬頭攢動，道路擠得水洩不通。我人矮，最終看到拍到的都是這樣的畫面。

上：稻荷祭時萬頭鑽動，祭司神情專注
下左：夜晚的稻荷大社　下右：通往千本鳥居的燈火幽幽暗暗的

不過呢，我可以好整以暇地待到晚上，夜晚的稻荷大社燈火通明，依然有絡繹不絕的遊客前來一遊，我也跟著人群逛逛夜晚的稻荷大社。

似乎跟白天的喧嘩不同，夜空中的正殿，吐露出一股神祕的氛圍，瑩瑩的燈籠，發出耐人尋味的詭異。走到千本鳥居口，幽暗深沉，雖然不時傳出陣陣笑語，但我仍躊躇不前，「害怕」這玩意，從來不會選擇時間的，說來就來，還是打道回府吧，畢竟一早的喧騰也夠累人了，我給了自己一個冠冕堂皇的藉口。

神遊時間
約60分
可長可短，按照祭典時間大約需60分鐘。

有個性的「ダー蛙吉」

住在深草的飯店，讓我有機會可以好好接觸這個溫馨的小鎮。

首先是在飯店附近的「MARUM*BAKERY」麵包店，雖然每個麵包都是一百日圓，但是做工絕不馬虎，而且吐司三明治口感香甜，起司蛋捲滑嫩細膩，紅豆抹茶甜而不傷胃……。這種便宜又多樣的麵包店，讓我省了好多吃飯的開銷。

接著是每天得過橋的橋邊上「大判燒」（車輪餅）店，早上出門時她還沒開店，晚上回來時，她已收攤要打烊，留下甜香在空氣中誘惑人。有次終於碰到她正在營業，我跟老闆娘要了一個白豆沙餡的，可是只剩下紅豆餡，我也沒別的選了。找零的時候我發現多給了十日圓，問老闆娘是否算錯，她說我沒買到自己要吃的口味，所以算我便宜些，彌補我的遺憾。這是什麼時代的劇本啊，

百元麵包店的麵包經濟又實惠

「ダー」有個性的咖啡店

左：「ダー」的菜單寫在牆上　右：「ダー」老闆正用「賽風」幫我煮咖啡

也只有在深草這種小地方才能碰到這種溫馨。

還有這間超有電視劇特色的「ダーCafé」。那天，京都持續下著雨，我躲在飯店很無聊，就跟飯店櫃台借把雨傘晃了出來。雨天的商店街很淒涼，唯有這家蛙吉傳出誘人的咖啡香。

小小的店面，玻璃窗、店門都是貼著他們推薦的食品廣告，與當地特有的商品種類，就像我們的便利超商貼得滿滿都是。推門而進一股濃郁的咖啡香席捲而來，溫暖的空氣有著慵懶的爵士樂音，老闆娘站在櫃台後方靜靜看著我，我選了櫃檯的座位坐好後就跟老闆娘點了一杯黑咖啡。

咖啡是用傳統的「賽

風」煮的，我看著熱水沸騰時與咖啡之間的翻騰糾纏，一個出神咖啡就端上來了。這黑得很有個性的咖啡似乎在提醒我必須佐以甜點，我看著牆壁上的餐點照片點了份奶油鬆餅。端上來的鬆餅上面的奶油像是不要錢似地塗得滿滿都是，但是搭配鬆餅吃起來卻意外的不油膩反胃。而且咖啡的濃烈也舒解一些甜膩，我整個下午就貓在蛙吉濃濃的甜鄉中。回飯店時順道買了稻荷大社最有名的狐狸瓦片煎餅回去當伴手禮。

狐狸瓦片餅

神遊時間
約30分

可長可短，時間大約需30分鐘。

怎麼到 MARUM*BAKERY

大眾運輸

- 在 JR「京都」站搭市巴士 105、南 5 在「龍谷大學前」下車，徒步約 3 分鐘即抵達。

地址：京都府京都市伏見區深草伏見區深草西浦町 4-51-1

電話：075-643-7522

怎麼到「ダー蛙吉 Café」

大眾運輸

- 在 JR「京都」站搭 JR 奈良線在「稻荷站」下車，徒步 5 分鐘即抵達。
- 搭京阪電鐵在「伏見稻荷」站下車，徒步約 2 分鐘即可抵達。

地址：京都府京都市伏見區深草一ノ町 20-13

03

伏見桃山

FUSHIMI MOMOYAMA

位在京都東南方的伏見區，有著豐富的水資源。桃山坐擁優越的水源命脈，釀酒讓她成為戰國時代商業發達之地，而桃山秀麗的風景也為她贏得戰國梟雄豐臣秀吉的垂愛，秀吉所推廣的桃山文化在當時甚至獨領風騷，蔚為流行。

好山好水釀清酒

若說水是人的生命泉源，那麼酒應該就是人的精神糧食了。就像勃艮地的陽光、土壤跟水質，孕育出法國舉世聞名的葡萄酒，伏見桃山也得天獨厚擁有珍貴的地下湧泉，水質甘美香甜，再搭配桃山自古就豐腴的水稻，想不要釀出好酒都難。

就是這樣優越的地理環境，讓日本各大酒廠紛紛進駐卡位，於是桃山的釀酒煙囪也就如雨後春筍般一一浮現。走在街道上，轉個身就是「黃櫻」，隔壁不多遠是「月桂冠」，再隔個幾條街又是「英勳」，這樣三步一小間，五步一大廠的情形，在桃山比比皆是。

月桂冠大倉紀念館

酒莊——「月の蔵人」

上：伏見夢百眾　下：一群寫生的人

伏見名水——白菊水

走在桃山最重要的商店街「大手筋通」，除了一般的生活用品，眼裡所見都是販賣酒的商店，而他們也不吝惜，只要你能喝，就一一斟酒給你品鑑。有時還一邊推銷自家販售的酒是多麼得來不易，能喝到是我的幸運，最好呢，帶一瓶回去，送禮自用兩相宜。

這是真的，在酒的故鄉喝到的酒，感覺就是特別清爽，甘甜不酸澀。空氣瀰漫著一股清新的酒糟味，沒有印象中的酸腐，而且酒莊內打理得乾淨整潔，釀酒器具擺放得井井有條，讓人一見就頓生好感。

走在街道上，純木工建造的酒莊，保養得十分完好，有的甚至有百年以上的歷史，這些木造的建築群將桃山妝點得有如酒的天堂。這樣的氛圍吸引好多人來此寫生，害我也忍不住坐下來加入畫畫的陣容。

手繪伏見夢百眾

神遊時間 約 2 小時

可長可短，喝酒品酒買酒，逛酒莊時間大約需2個小時。

怎麼到桃山

大眾運輸

- 搭京阪電鐵在「伏見桃山」站下車，即可抵達。車站前方就是大手筋通。
- 在 JR「京都」站搭 JR 奈良線在「桃山」站下車，即抵達。再往前走 10 來分鐘就可到大手筋通。
- 在 JR「京都」站搭近鐵線在「桃山御陵前」站下車，即可抵達。再往前走 3 分鐘就可到大手筋通。

艷紅瑰麗
桃山城

日本戰國時代的梟雄中當屬織田信長、豐臣秀吉、德川家康三人最為人所知。而他們的權力接替也可說是一脈相傳，日本戰國時代，常有他們武力擴張而翻攪戰局的身影。如果按照企業的模式，稍微簡略地歸納，可以說織田打天下，他是第一代；豐臣開疆拓土，他是第二代；最後坐收漁翁之利的卻是德川。

有一則說法十分貼切地描繪出他們不同的個性：假設有隻鳥要如何讓牠鳴啼呢？織田的做法是命令牠叫，不叫那就殺了，因為一隻不會啼的鳥是沒有用的。豐臣就會一直逗弄，直到鳥兒叫為止。而家康則是等，等等等，一直等到牠叫為止。家康這樣沉穩、善等待的性格，終於將統一

桃山城雙天守閣

日本戰國的果實納入德川一族。

三位梟雄如此鮮明的性格，也展現在他們所建造的城郭、天守閣上。德川家族居住的江戶城，是一個海納百川的城鎮。織田的安土城，則是以地理位置取勝。最後就是我們的主角——豐臣秀吉，他所建造的大阪城跟伏見桃山城，皆以色彩鮮艷、富麗堂皇著稱。

走出JR奈良線「桃山」站，跟著指標往右方走去，慢慢沿著桃山的山勢而上，大約二十分鐘的爬坡路程，就會看到那兩座大小天守閣像雙生子一般佇立在眼前。

或許是天氣太陰沉，又或許是因為主人的殞落，紅白相間的桃山城，那曾經耀眼的紅色光芒如今也黯淡無光。秋日瑟瑟，楓葉戚戚，恰如失去主人的寂寥。秀吉所建的桃山城早就毀於戰火之中。如今，呈現在世人眼前的皆是近代重建，然而桃山城再也

左：大門上有豐臣秀吉的五七桐徽　右：桃山城護城橋與大門

神遊時間 約30分

怎麼到桃山城

大眾運輸

- 在 JR「京都」站搭 JR 奈良線在「桃山」站下車，再往前走 20 來分鐘即可到達。

地址：京都府京都市伏見區深草藪之內 68

電話：075-611-5121

參觀時間：9:30 ～ 17:00（冬季到 16:30 止）

參觀門票：600 日圓（假日：800 日圓）

找不回他的主人了，秀吉已經湮沒在時間的洪流裡。

如煙火般，一轉瞬的時間，桃山城從絢爛到黯淡。恰如豐臣秀吉從一介貧農，爬升到千萬人之上的關白位置，最後又一鞠躬走下人生舞台。我所得知的豐臣秀吉，是發動戰爭侵略朝鮮的武夫，是為生存而用盡心思的奸吝小人，更是個暴發戶般的俗物。他的喜好也如他的暴起，總是金光閃閃，非金即銀，俗而華麗是他最愛的。

但這樣從歷史或從小說的面向而認識的豐臣秀吉，是真的嗎？是歷史的評論太武斷，還是小說的情節太煽情。我在他晚年所居住的桃山城，看到的卻是：一個努力讓自己成為最好的人。他的成長環境或許無法培養他豐富的藝術人文涵養，但他的堅持與聰明卻能讓他在戰國群雄中爭得一方天地。

兩個世代天皇塚

桃山城所在位置是桃山運動公園的最高處，從山上走下來就進入運動公園的林蔭道。這個運動公園跟我所知的一般運動公園不一樣，因為他擁有佔地寬廣的綠林地，而這些綠林地只提供給愛運動的人，任何機械發動的比如汽車、摩托車，都是禁止進入的。

對於熱愛慢跑運動的人，這裡簡直就是跑步者的天堂。雖然是秋日，日頭仍炎炎，但身處林蔭道，逼人的溽氣卻被兩旁高大的杉樹林給抵擋得毫無銳氣，反而吐出帶有芬多精的涼爽陰離子，走在其間精神頓而充足起。

走在林蔭道上，只有幾條要穿越公園的汽車道需加小心，其餘地點皆可放心走動。整個寬闊的步道，鋪著細沙與小鵝卵石，走起來沙沙的聲響跟林間的風聲，還有只聽其音不見其身的鳥鳴聲，這樣組成的韻律樂音，會讓運動的身體更覺輕盈。

走到半山腰處出現了改變日本最重要的兩位天皇陵寢。一邊是京都的建造者——桓武天皇，一邊則是他的優秀後代，讓日本走向現代化的明治天皇。

運動公園林蔭道

桓武天皇的柏原陵簡單素薄，一個鳥居一個平台就已足夠，根本連桃山城的城門都比不上，然而還是有人不因他簡陋就視之如敝帚，依然恭敬地站在陵寢前面鞠躬敬禮。另一位明治天皇的桃山陵，規模雖然比祖父輩稍大，但也是低調到不行。以明治天皇對近代日本的貢獻，他的陵寢一點也不恢宏氣派，根本無法與中國大陸的十三陵、中山陵相比，令人十分意外。桃山陵位置恰好可以俯瞰整個桃山市，感覺就像是桃山的守護者，這才是天皇真正的任務——守護大和民族，死後仍不已。

位在運動公園的側方有個乃木神社，裡面供奉的是日本明治時代的「軍神」——乃木希典。他無役不與，先後參加甲午戰爭、侵台戰爭（日本稱乙末戰爭）、日俄戰爭（日本稱日露戰爭），最後還成為日治時期台灣的總督。對於日本統治下的台灣，他有不同的想法，認為日本不該治理台灣，台灣應該賣出去，看是賣給英國，還是法國，甚至清廷要用錢收回也可以。如果他的提議真的成了，我想台灣一定會有不一樣更迭。

不過我個人對日本軍國主義者的印象不好，從乃木寫給明治天皇的這首漢詩「肥馬大刀無所酬，皇恩空沿幾春秋。斗瓢傾盡醉余夢，踏破支那四百州。」就可以知道這些喪心病狂的軍國主義者都是以殺止殺，屠夫性格。

神遊時間
約50分

上山走汽車道，下山走林蔭道大約50分鐘。

左：桓武天皇柏原陵墓道
右上：明治天皇與皇后陵寢
右下：乃木神社

十石舟招牌旗

左：濠川上的十石舟　右：等待船客的舟子

十石舟遊中書島

在伏見桃山區，密如蛛網的灌溉水道四處縱橫。當地的氣候潮濕溫潤，自古就有水田千疇、良米萬貫的稱號。可以想見當稻米豐收時，農夫臉上綻放的笑顏，有著辛苦後的歡愉。而收穫的優質良米就進了酒莊，搭配甘甜的泉水，這樣一瓶瓶的清冽醇酒就出現在商品貨架上了。

現代的桃山雖不似過往那樣以農為主，但是因農作而演化的相關產業卻另闢新局，開發出不一樣的生命潛能。酒莊經營也配合時代走向轉型，強調產業的特殊性，於是博物館、紀念館、體驗館像春秋戰國時代一樣，百家興起，群雄並列，互爭風騷。這下成功地把伏見桃山酒莊的獨特性推銷到世界各地。「伏見の酒藏」甚至被列入「氣味風景百選」。而運送米糧美酒的小舟，也開始他們不一樣的生命歷程。

十石舟原本就是淀川上載貨的小船，因為舟型的關係又分十石舟跟三十石船。當農業的重要性漸漸退去，交通運輸的工具也由水運的船隻轉成陸運的車子，舟子的生命，眼看就要走入歷史了。可是桃山優越的環境讓舟子們開始去找尋新的出口，經營觀光產業正是他的活水，於是我們有了十石舟的四季風情。

上：櫻花林下的等待
中：穿行在櫻花林的十石舟
下：櫻花下的舟子

なつかしい
まちがある
やさしい
ひとがいる

（這是當地的宣傳單上的文字，意思大概是「令人懷念的街道，有著親切的人」）

夏天的柳樹連蔭，是綠色的精靈，沿著濠川（宇治川支流）兩岸，揮舞著魔法棒，整個舟行的區段頓時拱成綠色的水道。舟子像悠哉的詩人，搖搖晃晃穿行其間，這畫面愜意極了。

到了春季，主角換成櫻花仙子，只見她雙手張開，向上一畫，從天而降的粉紅團子，紛紛掉落在枝枒上。仙子再往枝枒上的團子吐氣，噗的一聲，爆開了，團子變成櫻花將樹緊緊包圍，整個世界就交由櫻花來接手了。十石舟走入櫻花林，滿聲讚嘆，哇！哇！哇！這是春天繽紛的季節，也是舟子浪漫的時刻。

神遊時間 約50分

怎麼到十石舟乘船處

大眾運輸

- 搭京阪電鐵宇治線在「伏見桃山」站下車，步行約 10 分鐘即可抵達。
- 搭京阪電鐵宇治線在「中書島」站下車，步行約 5 分鐘即可抵達。
- 在 JR「京都」站搭 JR 奈良線在「桃山」站下車，步行約 15 分鐘即可抵達。
- 在 JR「京都」站搭近鐵線在「桃山御陵前」站下車，步行約 10 分鐘即可抵達。
- 在 JR「京都」站搭市巴士 105 號、南 5 在「中書島」站下車，步行約 2 分鐘即可抵達。

地址：弁天橋搭船處（京都府京都市伏見區南浜町 247）

電話：075-623-1030

運航時間：10:00 ～ 16:20，每 20 分鐘一班
（11 月下旬到 12 月上旬：10:00 ～ 15:40）

船費：大人 1200 日圓、小孩 600 日圓（佔位）、幼兒 300 日圓（不佔位）

坂本龍馬寺田屋

桃山的風景，讓桃山被選入「京都百景」、「遊步百選」。桃山如此備受推崇，正是因為桃山小鎮的優雅，以及酒藏街道的風情。所以來到桃山，怎能不信步走走呢？

從JR「桃山」站出來，沿著主要大道走，不多久就可以看到御香宮神社，裡面有桃山名水「御香水」，進去喝口甘泉，有病會恢復，沒病也能滋潤身心。在車站裡面的旅遊資料處可以拿到「伏見名水」的集章單，按圖索驥，就可以把伏見的所有名水都尋遍。前兩千名的還有送一個紀念品，當年的紀念品正是印有御香水字樣的清酒杯。

喝了好水，有了活力，再繼續漫步前行。約五分鐘的路程，就會看到前方有個大大的商店街招牌，那就是「大手筋通」。裡面有各大酒莊出產的日本酒，種類繁多，令人難以抉擇。走到大手筋商店街的中段，在轉角處可以看到「伏見夢百眾」的指標，跟著指標走，會發現兩旁的酒莊慢慢變多，

大手筋通

上：日本酒大比拚

下：還有專為老人與女士生產的水果酒

接著你就進入到「酒藏の街」，其中最有人氣的當屬伏見夢百眾、月桂冠大倉紀念館和黃櫻紀念館。伏見夢百眾已轉型為酒莊與餐飲複合經營模式，其中含有酒精的咖啡最為特殊。參觀完伏見夢百眾後，再到月桂冠大倉紀念館去參觀酒莊的製酒過程，買買紀念品，充實極了。

踏出月桂冠大倉紀念館，再往右走十來步就是十石舟乘船處。附近有間長建寺，可以隨意參拜。寺中有「弁財天」可以求金錢運，也可以喝名泉「閼伽水」、賞櫻花，這一俗一雅通通聚在一起，如此耐人尋味的地方也只有長建寺了。

從長建寺出來左轉，沿著濠川走，會看到一條復古的商店街，有著仿京町家的櫥窗，和祇園相類似的燈籠造型，她是「龍馬通」。龍馬指的就是坂本龍馬，他是維新志士中的要角，由於他奔波牽合，讓薩摩藩跟長州藩從長期敵視、互相爭鬥，到放下成見、牽手和解，達成「薩長同盟」。這對當時重掌政權的明治天皇，在推行日本西化的維新運動是很大的助力。

位在龍馬通的街底右方，就是「寺田

上：長建寺中的弁財天
下：寺田屋正面

上：長建寺名泉「閼伽水」
下：龍馬通上的茶行

屋」。由於坂本龍馬推行的維新觀念，威脅到了一些原本掌有利益的人，於是私下埋伏在龍馬下榻的寺田屋，進行暗殺龍馬的計畫。還好當時龍馬隨身帶有自衛的手槍，才避免被殺的命運，不然日本的近代史勢必另有一番波折。

在寺田屋前方往右走，就會來到京橋，這裡是三十石船的乘船處。只是船隻較大，班次不多，風情也沒有十石舟來的雅致。京橋附近有家百年的伏見駿河屋（本家在平等院前），他們製作的「練羊羹」、「夜の櫻」、「生菓子」，依然使用傳統的技法，還加入年輕師傅的巧思，所以味道、創意都是一流的。我只要是有關甜點的就絕不放過，買了練羊羹來當午餐後的點心，再來一杯伏見夢百眾的清酒咖啡，那就是最好的 ending。

上：駿河屋的招牌　下：駿河屋的招牌銘菓——煉羊羹

神遊時間
約 **50** 分

扣除乘船遊川的時間約50分鐘。

怎麼到伏見夢百眾

地址：京都市伏見區南浜町 247

參觀時間：10:30 ～ 17:00（星期六及星期日：10:30 ～ 18:00），星期一休息。

怎麼到月桂冠大倉紀念館

地址：京都市伏見區南浜町 247

參觀時間：9:30～16:30（8月13日～16日，12月27日～01月07日不開放參觀）

參觀費用：大人 300 日圓、學生 100 日圓（包含免費贈禮）

怎麼到伏見駿河屋

地址：京都市伏見區下游掛町 174 番地

電話：075-611-0020

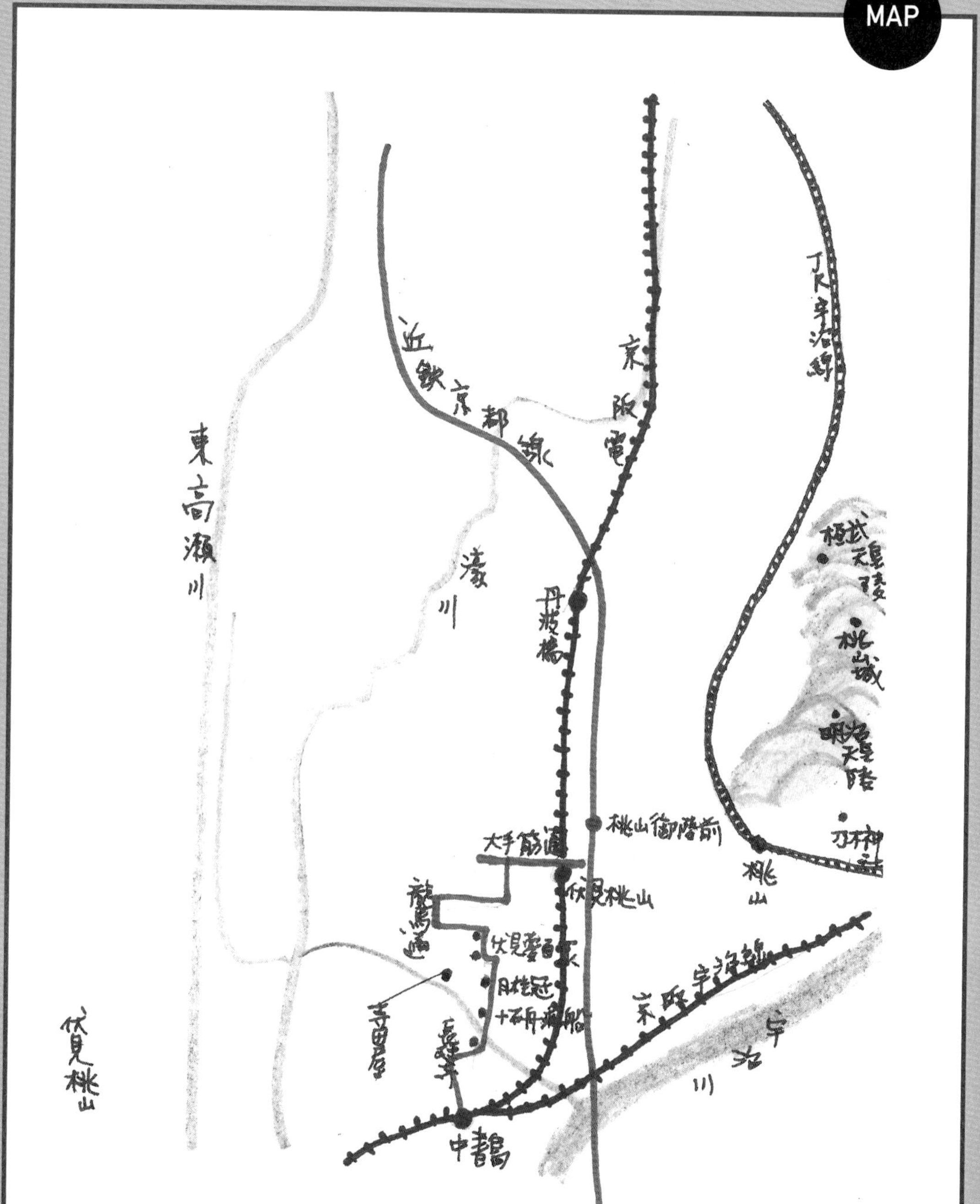
東高瀬川
濠川
近鉄京都線
京阪電
JR宇治線
桓武天皇陵
桃山城
明治天皇陵
乃木神社
丹波橋
桃山御陵前
大手筋通
伏見桃山
桃山
龍馬通
伏見夢百衆
月桂冠
寺田屋
長建寺
中書島
京阪宇治線
宇治川
伏見桃山

04

宇治
UJI

宇治，日本綠茶的故鄉，走在宇治街上，有名的茶鋪比比皆是。然而，在一片茶香之中，更讓人津津樂道的，是日本平安時代最浪漫悱惻的愛情故事——源氏物語，就是以此地和京都當作故事的背景醞釀而成。此外參拜世界文化遺產，重現極樂世界的平等院，以及宇治川的守護神——宇治上神社，都是不可遺漏的景點。

中村藤吉 嘗抹茶

走出JR宇治車站，一種純天然的色系——綠色，就如影隨形地一直跟在你左右。接著就嗅到空氣中有股淡淡的、若隱若現的茶香。沒錯，宇治就是抹茶的故鄉，從車站的地標（一個大大的抹茶罐）開始，就昭告世人，我才是正宗的，抹茶從我開始。

位在車站出口正中的街上，是創業已經一百六十多年的中村銘茶。中村銘茶的經營者對於潮流的嗅覺十分敏銳，很早就因應旅遊的脈動，將茶鋪轉型為複合式的餐飲餐廳「中村藤吉本店」，一方面將前方傳統的店鋪重新設計包裝，成為商品賣場，再將後方的製茶工廠改成流行時尚的餐廳。

多角度的經營模式，也呈現在商品販賣的內容上，除了老本行的茶葉，還推出各式各樣跟茶有關的製品，比如抹茶蛋糕、抹茶巧克力、茶香皂、茶沐浴乳……。林林總總不一而足。

其中，讓人一吃成癮的抹茶甜點，更是讓這家轉型成功的店鋪，每天都高朋滿座。慕名而來的觀光客，讓排隊的人龍沒有斷過。我來了好多次，最後都是挑

上左：宇治的郵筒是茶罐形狀　右：JR 宇治車站
下：中村藤吉本舖

左：夏天清爽的甜點
右：中村藤吉的人氣甜點——紅豆＋宇治抹茶＋麻糬

人龍稍為喘息的空檔排隊，就算如此，最快也要一個鐘頭。

最近他們改善了因排隊而造成顧客不耐的模式。進到店鋪呢，先到餐廳前方的領位櫃檯，在本子上寫下名字跟用餐人數，然後看一下所寫的位置是哪個號碼，這樣再對照餐廳大門邊上的等待時間，如果寫五十，就是要等上五十分鐘才會叫到你的號碼。確定好需要等待的時間，就可以到前方商品店鋪去選購禮品，或是請店鋪內烹茶的人員為你煮泡茶湯，好好喝一杯坐下來等待。這樣人龍不見了，心情也悠哉了。

沒多久就會有餐廳的服務人員叫號了，如果正在選購，也不用擔心，餐廳會再等一會兒再叫號一次，如此三次，沒到的才會刪除你的訂位。

進到餐廳，多種類的餐點任憑選擇，從熱食到冰點，從鹹的

怎麼到中村藤吉本店

大眾運輸

・在 JR「京都」站搭 JR 奈良線在「宇治」站下車，再往前走 2 分鐘即可到達。

地址：京都府宇治市宇治壱番 10 番地

營業時間：10:00 ～ 17:30（茶室 11:00 ～ 17:30）

電話：077-422-7800

中村藤吉網址：http://www.tokichi.jp

到甜的，喝優雅吃排場的都能滿足顧客的需求。我愛甜，當然要吃他們的抹茶麻糬冰淇淋，不但分量多，擺盤更是吸引人。挖一口冰淇淋再淋上濃濃的抹茶，甜而濃郁的香草被抹茶的清淡嫻雅給包容了，不再膩口，接著搭配一顆軟嫩彈牙的白玉（麻糬），三種美妙的滋味在我的口腔裡彼此相會交融，這真是排隊等待後的甜美啊！

有時不耐久等，也可以走到平等院的表參道上，現在那裏也開了分店，店址位在宇治川邊，有個大大的觀景窗，坐在其間，一邊吃著精緻的餐點一邊欣賞宇治川滔滔不絕的流動，煞是神怡。

分店大門旁有個窗口，是方便沒有時間等待的顧客，讓人有可以外帶的選擇，只見人手一支抹茶麻糬霜淇淋，在炎炎的夏日更是觸發味蕾的激動。

左：中村藤吉本舖賣場裡烹茶的服務員
右：中村藤吉平等院店的招牌霜淇淋

神遊時間 約60分

排除等待時間，約60分鐘。

怎麼到中村藤吉平等院店

大眾運輸

- 在 JR「京都」站搭 JR 奈良線在「宇治」站下車，順著指標平等院方向再往前走 10 分鐘即可到達。
- 搭京阪電鐵宇治線在「京阪宇治」站徒步約 10 分鐘即可抵達。

地址：京都府宇治市宇治蓮華五之一番地

營業時間：週一週二公休，10:30～17:00（外帶到16:30，週一到16:00）

電話：077-422-9500

鳳凰高飛 平等院

我作佛時，十方眾生，聞我名號，至心信樂，所有善根，心心回向，願生我國，乃至十念，若不生者，不取正覺。唯除五逆，誹謗正法。

——《佛說大乘無量壽莊嚴清淨平等覺經》法藏比丘曰

這法藏比丘是誰，祂就是阿彌陀佛未成佛時的凡身。祂發了四十八大願，願渡化眾生，成就西方極樂世界，祂要一切眾生都在此生中，人人都跟祂一樣，壽命無量、光明無量，樣樣皆無量、圓滿。本師釋迦牟尼佛十分讚賞祂的發願，當祂成就為阿彌陀佛時，釋迦牟尼佛在《無量壽經》裡說：「阿彌陀佛，光明善好，勝於日月之明，千萬億倍。光中極尊，佛中之王！」。

西方淨土，極樂世界，是阿彌陀佛成佛時所感悟到的「須磨提」，也就是佛國淨土。在淨土裡，有光彩耀眼的七彩寶殿，由珍奇寶物組成的七色寶塔，七寶池裡金、銀、琉璃、寶石、珍珠、瑪瑙處處可見，池中有碩大蓮花暗香浮動，奇珍異獸更是多到不可數。在極樂淨土裡，無憂無病無災無難。

這樣的西方佛國的樂土，對比人間俗世的疾苦，是多麼大的誘惑啊！死後能否登臨極樂世界，就成了有錢有勢的貴族們的夢想。於是他們爭相供奉佛祖，大肆建寺膜拜，無非就是想以此獲得

左：鳳凰堂
右：阿宇池上的鳳凰堂

上：鳳凰堂與阿字池　　下：平等院大門

一片烏雲中只有鳳凰亮閃閃的

佛祖的青睞。

平安朝時，政治的相互攻防大多為了獲得權勢，背地裡利益的分贓更是驚人。利之所趨，明爭暗奪當然就更加劍拔弩張，從不稍停。當時的政治思維是崇利主義，貴族們生活奢靡腐敗，一般老百姓為了要應付貴族官吏種種的苛稅，生活苦不堪言。於是阿彌陀佛坐化時所感應到的西方淨土世界，變成了大眾的心靈寄託，而有錢有勢的高官貴冑，更是異想天開想要在人世間仿建西方極樂世界。

宇治是當時貴族們的渡假勝地，山明水秀更似佛日中的極樂世界。於是貴族有志一同，紛紛來此打造夢想中的國度。藤原氏掌握政治權柄多年，其中所積攢的財富更是不可數。而藤原氏作為政治第一家，當然不可落人後。於是仿極樂世界的平等院就出現在世人眼前。

平等院的庭園設計布局，皆是以西方極樂世界為藍本。其中最為人驚艷的，是平等院正中的阿字池與鳳凰堂。阿字池代表著七寶池，鳳凰堂則是七寶池中的琉璃宮殿。

鳳凰堂原稱阿彌陀堂，堂內供奉的正是阿彌陀佛坐像，四周牆壁用彩繪的方式，描繪出西方世界迎佛的盛況。而堂中的天蓋則分布著「雲中供養菩薩」，其雕工精湛，造型翩翩如飛天的姿態，更是優雅。

鳳凰堂的外觀集平安朝建築工藝於一身，正殿如佛陀坐姿，兩翼則像是佛陀張開雙手擁抱眾生。其中正殿上方的鳳凰金碧輝煌，傳說如果陽光直射，鳳凰就會感應天召，展翅高飛。可惜我來訪時，氣候不佳，天陰陰的，鳳凰也像是洩了氣般無聊站在正殿屋頂上。

阿字池，圍繞著鳳凰堂，好像現世中芸芸眾生仰望著阿彌佛陀。有光線時，水面會如實倒映出鳳凰堂，彷彿佛陀降臨，大夥可以晉升極樂世界了。我大概是凡塵中還沒混完吧，因此得不到佛陀度化，所以倒映的畫面怎樣都拍不出來。

上：宇治上神社
下：宇治上神社正殿

怎麼到平等院

大眾運輸

- 在 JR「京都」站搭 JR 奈良線「宇治」站下車，再往前走 10 分鐘即可到達。
- 搭京阪電鐵宇治線在「京阪宇治」站徒步約 10 分鐘即可抵達。

自行開車

- 在京滋 BYPASS「宇治東交流道」下高速公路，約 5 分鐘即可抵達。

地址：京都府宇治市宇治蓮華 116

電話：077-421-2861

參觀門票：

大人 600 日圓（團體 500 日圓）
學生 400 日圓（團體 300 日圓）
兒童 300 日圓（團體 200 日圓）
鳳凰堂內部：每人 300 日圓

其實在平等院旁邊還有間「宇治上神社」，他是宇治最早的神社，神社內仍保有平安時期的建築，沒有被毀壞，這是很難得的。神社內供奉應神天皇及菟道稚郎子命（加了「命」字就代表已經從人格升為神格了）。他們的故事傳説眾多紛紜，有說是應神天皇疼愛菟道稚郎子，想把皇位給他，但菟道稚郎子為了不讓異母兄弟難為而自殺身亡。一說天皇疼愛的菟道稚郎子體弱多病，最終夭折了，所以建神社護衛其靈。

神社內的卦符，就是依據菟道稚郎子的名字做成兔子的模樣，向神社祈禱後敲碎兔子，就可以得到神示。但是要把可愛的陶兔子打破有點太殘忍了，所以又研發在兔子底部挖了洞，卦詞就可以放進洞裡，這樣既有神示又有可愛的小兔陪伴，真是一舉兩得。

此外，神社側方有一個地下

上：宇治神社供奉的菟道稚郎子
下：宇治上神社的陶菟籤

怎麼到宇治上神社

大眾運輸

- 在 JR「京都」站搭 JR 奈良線「宇治」站下車，再往前走 2 分鐘即可到達。

自行開車

- 在京滋 BYPASS「宇治東交流道」下高速公路，約 5 分鐘即可抵達。

地址：京都府宇治市宇治山田

電話：077-421-4634

參拜時間：9:00 ～ 16:30，自由參觀

涵洞，常有泉水湧出，命為「桐源泉」，他是古代宇治七大名泉之一，如今只有他會湧出泉水，其他名泉皆只剩下石碑為記了。來宇治上神社除了買陶兔回去，一定要看看這上古就有的地下名泉。

左：宇治上神社兔子造型御手洗　右：名泉——桐源泉

源氏物語 宇治川

平安時代最浪漫寫實的愛情故事就是《源氏物語》（げんじものがたり）了，「物語」是日本特有的敍事文體，很像我們說的「傳」。

《源氏物語》內容精采，敍事的時間橫跨四個世代，從天皇「銅壺帝」到源氏外孫「匂宮」。作者描寫關鍵人物的神態，抒情詠嘆的詞句，精妙高超的程度直逼中國小說鉅著——紅樓夢。

《源氏物語》中前篇的主角源氏，原本是天皇之子，從小就天資聰穎，氣宇非凡。但天皇愛他，為了不讓他涉入宮中皇位爭奪而招致不幸，因此將他貶為親王，賜姓源氏，並封贈他無數良田豪宅，就是要讓他當個多金的親王，卻無緣參與皇位的繼承。

在這樣的背景與環境下，造就源氏得天獨厚的有利條件，再配上他出色的外表，跟多才多藝的藝術天分，讓他能夠優游於諸多美女間，留下膾炙人口的風流韻事。此外《源氏物語》也結合源氏所處時代裡宮廷中的爾虞我詐、政治聯姻、男女關係，連同戀愛故事一同交織出一部糾纏絲連的敍事史詩，最後源氏大澈大

紫式部石像，後方為宇治川和宇治橋

左：源氏物語的男主人光源氏的石像
右：宇治川川水無情，徒留一地嘆息
下：宇治川上的越川便橋，川水上漲此橋即被淹沒禁止通行

悟遁入空門，留下他傳奇的一生。

此物語的內容分為三部，前兩部大都環繞在源氏與眾多女子間的愛恨情仇，及纏綿悱惻的糾葛中。而第二部的結局也跟紅樓夢的賈寶玉一樣，源氏看破紅塵，出家去了。

《源氏物語》的場景大多發生在京都跟宇治兩地，其中第三部中的「橋姬」到「夢浮橋」這十卷，是以源氏之子和外孫的戀愛故事為描述重點，故事情節都是在宇治發生的，因此被稱為「宇治十帖」。走在宇治橋，宇治川上隨便一個景物，都是書中愛情勃發、欲言又止的契機。要說

《源氏物語》就是一部愛情的羅曼史，應該也不為過吧！但我相信，這本巨作對日本文學的貢獻絕不是我說的這麼輕鬆。

《源氏物語》的作者——紫式部，是宮中的女官。她用獨特的眼光來觀察貴族生活，再用她生活的環境，以當事人的角度來揣摩故事情節，接著用她那淒絕動人敍事筆法，詠嘆天地的無邊、時間的無情以及人世的無奈。《源氏物語》中男女互贈的情詩，更有畫龍點睛之妙。紫式部的文學涵養，才情高絕，正是讓《源氏物語》能成為家喻戶曉名作的原因。

走在宇治的街上，或是漫步在宇治川邊，甚至不起眼的草叢邊，都可以看到宇治十帖的場景。聰明的日本人也不放過這種有利的資源，從車站開始，就有物語步道，還舉辦物語尋根、物語集章等等活動，真的是把《源氏物語》的商業價值發揮到極致。

神遊時間 約2.5小時

全部走完宇治十帖約2個半小時。

宇治日和 喝咖啡

一邊欣賞宇治川的波滔起伏，一邊感慨人世間的紅塵糾葛：有些人碌碌傭傭，像無頭蒼蠅般瞎忙一輩子；有些人自私貪婪，永遠打著占人便宜的算盤，毫無倦意；有些人聰明才智全部用在爭權奪利，樂此不疲。最後呢？都是一場空啊！彷彿生來就已經寫好的命運流程，該你得的，一樣不少；不該你的，強求無用。汲汲營營如小人般長戚戚，倒不如，瀟瀟灑灑如君子般坦蕩蕩。

歲月如斯，而我何其幸，從出生的一無所有，到現在略有小成。我也曾是汲汲營營中的一分子，但是父親驟逝，那個牽絆我的風箏線，就這麼斷離了。我已無牽無掛，回首來時路，酸甜苦辣，味味雜陳，現在的我，該有不同以往的自在瀟灑。

就在我與自己討論著用什麼態度來面對將來，腳不由自主停了下來，等到我想通了，赫然發現「宇治日和」的招牌在我眼前

宇治日和精巧溫馨的店面

揮手，這是邀我一起討論嗎？還是順應身體自然的需求吧！我需要坐下來好好休息一下。

拉開店門，一道蒼勁的聲音響起「いらっしゃいませ」（歡迎光臨），我回了禮，就找到可以看窗外的位置。坐好後，水杯跟紙巾也送到，問了我要什麼，我一開口就露餡了。老闆很親切地詢問我是哪裡人，當我一回答「台灣」時，整個小店頓時沸騰，原本靠窗的大叔，馬上轉過頭來用生澀的中文問候我，然後他們（應該是店裡的常客）馬上就有話題了，大家一會兒問我台灣天氣如何，一下問我住台灣哪裡，還有士林夜市很有名……。

速寫宇治日和老闆木原淳

天啊！我突然變成受訪者，那些臨時記者興趣盎然地一直提問，突然一個熟悉的樂聲響起，老闆拿出他的口琴吹起了「望春風」，大家很有默契，頓時安靜下來聆聽。在異邦，聽到家鄉熟悉的樂曲覺得好感動，於是馬上拿出紙筆把老闆的神態速寫下來，等到他吹完，笑著看我，我用大拇指給他比了讚，還把速寫給他看，請他簽名。

然後換我詢問他怎麼會吹這首台灣民謠呢？原來，老闆年輕時曾經跟隨自衛隊來台灣受訓，在台灣住了些日子，很喜歡台灣的歌謠，所以就學了好些曲調，但是很久沒吹了，至今只記得「望春風」，還問我吹得對不對。頭髮斑白的老闆像是和藹的大叔，把他煮得最好喝的咖啡招待我，臨時記者們又要他給我店

紅豆抹茶白玉加咖啡

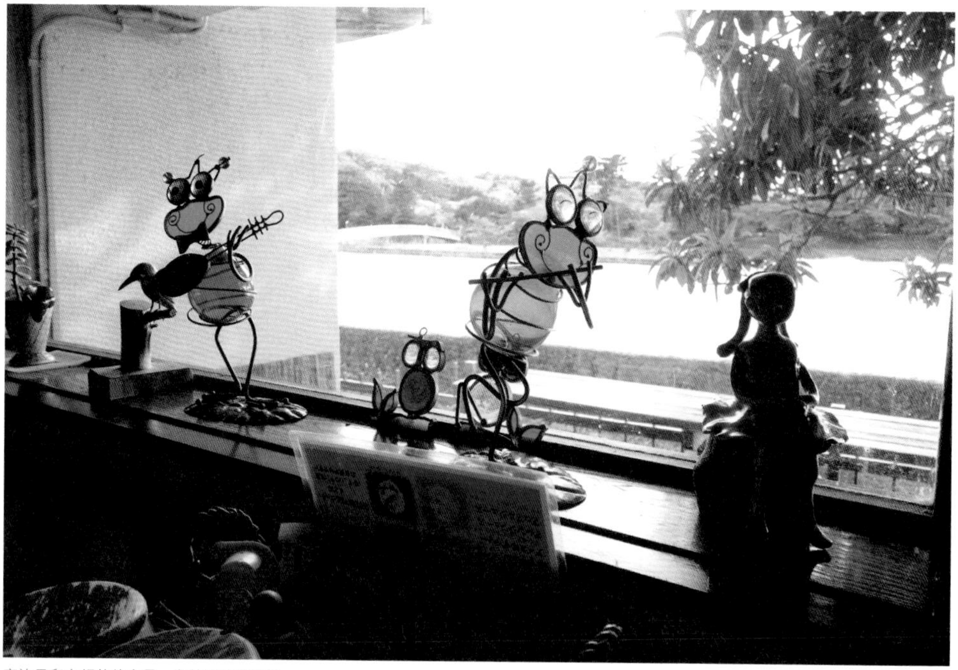

宇治日和有絕佳的窗景，窗外即是宇治川

裡最有名的三兄弟「紅豆、抹茶、白玉」。他們對我像鄰居般熱情，讓人覺得東西好吃的原因在於有心有情，難怪他店裡的常客那麼多。

旅行的途中，常會碰到像「宇治日和」這樣天涯若比鄰，一見如故友的奇妙感受，這個小小世界，其實有著大大的溫情。

神遊時間
約**60**分

怎麼到宇治日和

大眾運輸

- 在 JR「京都」站搭 JR 奈良線在「宇治」站下車，再往宇治川上游走 10 分鐘即可到達。
- 搭乘京阪線在「宇治」站下車，往宇治川上游走 3 分鐘即可到達。

地址：京都府宇治市宇治又振 59-3

電話：077-423-6631

營業時間：10:30～17:00（星期二、三休息，二月、八月休息）。

MAP

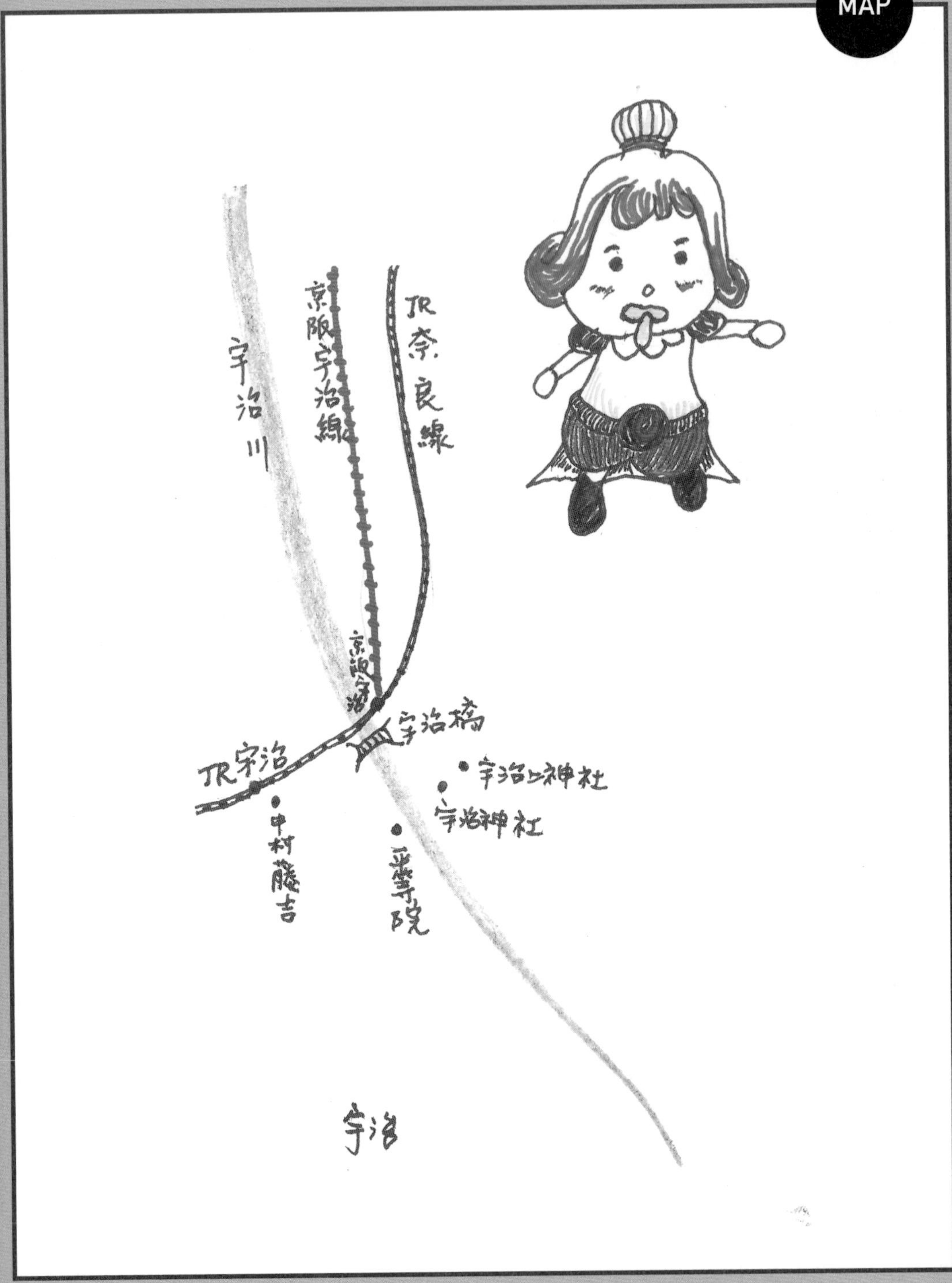
京阪宇治線
JR奈良線
宇治川
京阪宇治
宇治橋
JR宇治
宇治上神社
宇治神社
中村藤吉
平等院
宇治

桐原殿

貴船神社

第四章

北玄武

神遊洛北

京都的守護在洛北

位居洛北的貴船神社跟鞍馬寺有如雙生子，分占鞍馬山兩側，搭乘叡山電鐵一次就能滿足兩寺廟的探險。此外，京都建造之時，依據風水之說，東北方是《易經》中的「艮」位，就是俗稱的鬼門，是鬼神出入之處，因此各代天皇紛紛佈下重兵，建寺蓋神社，其中下鴨神社扼守東北方，掌控高野川與鴨川合流，是守護京都重要的神社。

01

KIFUNEJINJA

貴船神社好神奇

水は 恐ろし
水は 尊し

——貴船神社

這是貴船神社官方網址上首頁的開頭文，照我們的說法就是「水可載舟，亦可覆舟」。水是屬於大自然的，不是人類的奇技巧器就能控制征服的，必須要懂得敬畏，懂得尊重。

叡山電鐵 鞍馬行

清晨，趕在上班族仍睡眼惺忪之際，我就已經從深草搭上京阪電鐵往洛北的終點站「出町柳」，預計在那轉搭叡山電鐵。

這麼早出門，車上乘客三三兩兩的，有人也跟我一樣，輕裝便著，一副就是要去踏青的裝束。也有一群人，身背登山包，手拿登山杖，全副武裝，架式十足。仔細觀察他們的年齡應該也有六、七十上下吧！這年紀還願意出門爬山實在很振奮人心，我默默許願，希望我在他們這樣的年紀依然能健步如飛。

出町柳月台

「上學的學生變多了」，我一邊想著，一邊踏出車站。正好迎面來了一群高中生，嘻嘻哈哈的，朝氣蓬勃，讓人看了就覺得心情很好。但是前去叡山電鐵方向的乘客卻明顯寂寥。看來今天我還是要一個人「獨遊」了。

往鞍馬的兩節車廂已經等在月台了，我跑前跑後拍照，司機車長也不催人，但是一等我跳上車，車門馬上關上，一會兒功夫，就駛離車站。列車沿著住宅邊的窄軌道晃悠悠地跑著，兩旁景物也從狹隘密集的房舍，漸漸換成山林綠意的清朗。叡電與嵐電之於我的最大不同在終點，嵐電的終點站「嵐山」我知之甚詳，所以安心自在，但是叡電的終站「鞍馬」卻是個神祕的山林，我是只聞其名，卻從未造訪。這樣獨自的探險，我雖常做，但是往山裡跑，心還是有點惶惶然。

上左：車長交班中　　上右：空無一人的車廂
下：叡山電鐵的彩繪車廂

叡電的兩節車廂各自獨立，碰上沒有剪票口的車站，就靠自我良心，投幣到車廂內前方的票箱。車廂外部則是彩繪上鞍馬山的森林與動物畫面，這樣一來，完全融入山林的情境。讓人一看就明瞭要去的地方應該是什麼樣子。

列車碌碌唧唧的聲音跟隱身於樹林間鳥兒的鳴叫，互相成為彼此閒話家常的訊息。「我帶新朋友來了！」列車碌唧地說。「好高興啊，歡迎到來，可是今天好像……」小鳥欲言又止啾啾地說著。慢慢地，列車開始向上攀升，濃綠的光線裡有著不可知的祕密在醞釀，這股低沉的壓力，就像天上聚攏的雲層一般厚重。我的心被擾得一陣騷動，慌慌茫茫地好像有什麼事情要發生。

列車彷彿不知我的心情波盪，通往山上的軌道上，兩條並排的鐵軌彼此互相對峙，拉著列車往更深的叢林密處。

天一下子就暗了，好像要宣告剛剛的祕密，我察覺似的反射動作，就是抬頭望向窗外，果不其然，雨滴瞬間衝出，碰到車窗頓時炸開成雨花，接著就是流淚不止的悲傷。啊！我的輕裝便著，偏偏沒有防雨的措施，這下麻煩來了。不知「貴船口」有沒有像嵐山站那樣商店林立呢？

列車一來到「貴船口」，我就跳下車，打算先到貴船神社參拜，然後再到鞍馬寺，回程在「鞍馬」搭叡電回來。這樣的路線，是我研究查詢很久，最為順暢的路線，可是天在下雨，這下能否順利就令人懷疑了。

出了車站，我的心涼了大半，因為既沒商店，到貴船神社還得走約二十分鐘的路程。怎麼辦呢？要不要來個雨中散步呢？正當我徘徊難定時，突然一輛巴士開到眼前，下來了一群登山客，他們如釋重負，七嘴八舌，我看他們全身泥濘，有點想要放棄這次探遊了，不必讓自己這麼邋遢吧！

「叭！叭！」才剛這麼想，巴士突然就喊了我，「要去貴船神社嗎？快上車啊！」，我糊里糊塗就上了車，車上還有好些人也要前去貴船神社，原來是神社的接駁專車。也好，一邊躲雨，一邊想想接下來怎麼玩。

鞍馬站前的天狗像

左：納涼川床　右：貴船川清澈的溪水

納涼川床 吃料理

不到十分鐘，巴士站就到了，神奇的是雨也緩和了，只留下空氣中細如游絲的濕意。「好好走啊！」巴士跟我眨眨眼就開走了，這下我無言了。真奇怪，我今天怎麼都聽得懂列車、小鳥、還有巴士的話語呢？「傑克，這真是太神奇了。」

下了車還得走個把分，才能拜見貴船神社。不過呢，天已經慢慢轉晴，雨絲早就溜得不見影了。在這被雨滋潤過的山林，樹芽被清洗得彷彿初生，空氣十分清冽，深深吸了幾口，整個人精神都振奮了。我踏著輕鬆悠哉的腳步緩緩而上，兩旁高大的樹林輕輕地搖動手臂歡迎我來訪，腳下沾了些雨水的熱情，濕了布鞋，但是還好，這樣的歡迎方式我能接受。

沿著貴船川而上，川水湍急，落差極大，可能是下過雨，水色略呈混濁，但氣勢就驚人了。不一會兒就看到一組組建築群橫架在溪水之上，這是有什麼工程在進行嗎？但是又沒有工人穿梭其間，而且一個個都是輕建材的竹子小屋。愈往上走，招牌就出現了。原來這個就是貴船有名的「納涼川床」。

貴船附近的料亭，占著地利與物資之便，利用竹子的輕盈彈性，在貴船川上沿著河邊的地勢，一層一層地架出一片片的平台，然後鋪上紅色的毯子，上頭放著矮几，最後再把軟綿綿的深色坐席放好，就可以等著遊客上

左：沿途都是川床料理亭
右：坐在川床上吃料理

門了。

夏天的貴船最是風雅了，坐在清風送爽、柳蔭婆娑的川床席上，享受著竹管流水麵的清涼醍醐味，下方是潺潺不斷的貴船川。這樣的用餐環境，的確能為褥熱的夏天，帶來一股讓人悠然忘機的閒散。

就算現在已是秋日的尾聲，山上的氣溫著實較山下來得淒冷，但是聰明的店家有的是營造氣氛的點子，讓客人坐在厚度加強的墊子上，再為他們蓋上防風保暖的毯子，旁邊放著煨著火熱的炭爐，最後送上熱呼呼的山豬肉火鍋，這下馬上呈現不同的意境來。喝涼吃暖，一點都不浪費這貴船川上的美好景致。

司水之神 高龗神

穿過一家家招牌各異的料亭，卻又有種大同小異的錯覺，反正都是賣著川床上享用美食的風情，價位也高低略有差別，端看個人荷包的尺度來選擇。我慢慢接近貴船神社了。臨近貴船神社，右手邊會看到一抹紅橋，那是通往鞍馬寺的方向，等我拜見好神社就要從那轉往鞍馬寺了。

貴船神社究竟是什麼時候建造的，至今仍眾說紛紜，一說祂是神武天皇的母親玉依姬命為求風雨順行造福百姓，故乘坐著黃船，從下游的鴨川，一路循溪而上，最後落腳此處時，突有湧泉而出，便在此處建神社供奉水神，因乘黃船而至故命名為貴船。一說這片山林是掌天上雨水的高龗神，跟控地下泉水的暗龗神，一同生長的地方，水乃是萬物滋長的生命之泉，故建神社供奉水神，祈求風調雨順。比較確切的說法是古書記中滕原伊勢人奉天皇命，在鞍馬山建造鞍馬寺，為了平衡佛教與神道教的勢力，於是又在鞍馬山的另一側建貴船神社。不管如何，神社位於貴船川上游，掌握著水源的脈搏，自然是地位尊貴、備受尊崇。

「奧ノ院橋」

貴船神社用來迎接訪客的是風格優雅、造型古樸的紅色獻燈，穿過鳥居，沿著階梯兩側，沿途盡是紅獻燈的迷人風采。踏著石階，拾級而上，綠林深處有詩意，紅燈陪伴傳情意。若是再深秋一點，滿山楓紅更勝夏日。這也是貴船神社的大賣點之一。

階梯的盡頭就是本宮了，這裡祭祀著水神，因此京都每年祭天祈雨的儀式，皆是在此舉行。

此外，在本宮空地處會看到兩匹色澤略異的銅馬，古時相傳要對水神有所求，就將騎乘的馬匹獻給神社，祈天晴獻白馬，求雨日獻黑駒，以作為獻禮。但是一般百姓能有牛羊就不錯了，怎有能

貴船神社有名的紅獻燈參道

左：龍船閣
右上：黑馬與白馬的銅塑像　右下：繪馬換成充滿季節氣氛的楓葉型

力負擔馬匹這樣的獻禮呢？於是社方研究出一種繪上馬匹的木板，黑白皆有，供信徒購買祈福，掛在指定的架上，慢慢就演變成「繪馬」（日本的祈福卡）。貴船神社是繪馬的發源地，所以這次帶頭推出的繪馬是跟著季節流行的楓葉型，非常具有創意。

銅馬的前方是龍船閣，是仿玉依姬命搭的船閣建成。通過本宮沿著步道，兩旁樹林密攏，陽光穿透不易，高大的御神木（鎮守森林的聖木）羅列其間。幽暗的林間小道，有著種種神祕與浪漫傳說。古時，若要對人使出咒術，剪個小白紙人，或用稻稈捆紮成稻草人，然後深夜帶到御神木處扎針詛咒，這些畫面在日本的恐怖片裡常常出現。但是我比較喜歡浪漫的故事，傳說位在林間的結社，是祈求戀愛婚姻幸福的神社。起因於一位婚姻不幸福的人，她雖被夫家退了婚，但是她卻願出家祈求天下人都能有幸福的結局。這種高超的人格修養，令人佩服，因此這裡也稱結緣之社。相愛的人來此祈求圓滿，摘下社內的結緣草，綁上籤條再掛回柳樹梢，整棵柳樹，遍布緣分能成就的願望。

貴船神社的本宮、結社與奧宮，羅列分布在山林之間。森林的盡頭是奧宮，相傳就是玉依姬命的黃船落腳處，附近有塊巨大的船形石，據說就是黃船幻化的。這裡也是日劇陰陽師的拍攝場景。秋日雨後，此處更顯幽暗，劇中恐怖的畫面一直盤旋在我腦海裡，眼見四下無人，我心有懼意，只好鞠個躬，快步閃開。

總本社 貴船神社

御神水
占卜命運

沿著原路走回本宮，剛好有電視台來採訪，原來是為了貴船神社有名的水占卜。在本宮的右方，有一道山泉水，名為「御神水」，相傳就是玉依姬命所尋湧泉之處。此水頗具療效，能讓久病不起的人得以舒緩疼痛。將之煮沸泡茶則味道清甘甜美，此外祂也能讓人所許的願望成真，能被譽為神水就知祂有多靈驗了。

正是因為神水如此靈驗，社方開發出一種特別的「水占卜」。首先，在服務處投下參拜費，然後抽一張空白的籤紙。再到本宮參拜敬禮，虔誠祈禱，最後將空白的籤紙放到御神水處，慢慢地籤上的文字就會浮現出來，這就是你所求的答案了。

人生的道路，有時崎嶇，有時複雜，往往碰到疑惑之處，就會尋求神明的指示，此舉中外皆然。因此，水占卜有別於其他神社的特殊性，更顯得神奇有趣。這樣的占卜方式吸引無數的遊客前來，大家都是要來祈求自己的人生一帆風順。

現在社方還貼心地在籤紙上放上QR Translator，如此一來，不管你是哪國人都能對應到你的母語來了解籤紙上的卦辭了。

上：御神水　下：繪馬的由來

其實服務處裡還販賣著種種特別的結緣品，除了水占卜的籤紙，還有可以裝御神水的桶子、祈求平安健康的御守。此外最特別的是二輪守，我愛騎自行車，當然也買了好些二輪守，來送給同好當作紀念。

左：在御神水虔誠放入占卜籤　　右：占卜籤

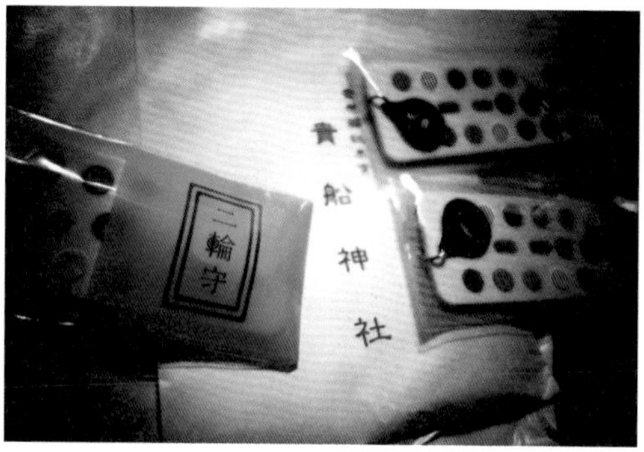

左：可愛的二輪守　右：水占卜的程序

神遊時間

約**50**分

加上水占卜約50分鐘。

怎麼到貴船神社

大眾運輸

- 在「出町柳」搭叡山電鐵鞍馬線，在「貴船口」站下車，跟著指標走約20分鐘的路程，即可抵達。亦可搭乘接駁巴士，再走約5分鐘，即可到達。

地址：京都市左京區鞍馬貴船町 180

電話：075-741-2016

02

孕育戰神
鞍馬寺
KURAMADERA

在太古森林裡，藤原伊勢人騎著「阿吽の虎」，身旁有著黑馬白馬相伴，來到彩虹的彼端，遇到聖潔祥和的觀音菩薩，菩薩神光遍布，守護這莊嚴的鞍馬山。這是建造東寺的執行長藤原伊勢人在夢中所見，他告知天皇此夢境後，桓武天皇即命令他在鞍馬山建寺，守護京都。

太古森林
鞍馬山

遠在京都尚未出世，鞍馬山早已被茂密森林籠罩，只等待著有緣人來發現、探訪。那位伊勢人果真有機緣，他在夢中來到鞍馬山，見到聖光普照的觀音菩薩，從此鞍馬山的神祕就再也藏不住了。

我從貴船神社出發，過了「奧ノ院橋」，就會接上鞍馬寺西門。但是，我得穿越鞍馬山的太古森林（沒有人工培育的原始林），才會到達本殿。

來到入山口，我先繳上「愛山費」——這個名稱聽起來就好舒服，比起入山費、過山費都好。然後在本子上寫上自己姓名以及入山的時間。畢竟是原始森林，如果發生什麼意外，有這些資訊，寺方也好發動搜索。

早晨的大雨並沒有造成太多積水，大概是原始林，所以水土的涵養特別好，腳踩在土地上，是一種純天然的鬆軟感受。在台灣，我走過類似這樣的古道，所以這山路感覺特別親切，特別輕鬆寫意。

不過我似乎高興得太早了，雨滴毫不客氣就鑽進森林來，直接穿過樹葉溜到我的髮上、身上、腳上。這下子可糟糕了，因為在森林裡的狀況最難掌握，有可能一下子大雨傾盆，我就會這樣迷失在叢林裡。

我加快腳步，直接衝上「奧ノ院魔王殿」，魔王殿裡供奉著護法魔王，猙獰的表情具有震懾鬼怪的威嚴，我反而覺得安心。接著陸陸續續有人到此躲雨，原來我並不寂寞，山上還有好些人也跟我一樣。

不一會兒，急驟而下的雨來得急去得也快，天色慢慢走出陰霾，我看看前方的道路並不泥濘，於是決定繼續順著山道往上爬。接下來都是爬坡的路程，森林裡沒有人工開鑿的階梯，山徑大都是前人踏出來的。山道上遍布著大樹的樹根，我一邊攀著垂落的莖藤，一邊踩著濕滑樹根前進，這真是件吃力的活動。

上左：太古森林步道　上右：愛山費 300 日圓
下：木の根道

天狗徒弟 源義經

山徑漫漫，氣韻冉冉，我一路跟著山嵐水霧，攀攀爬爬，走過了義經堂，穿出大杉權現社，好不容易來到「木の根道」，我已經汗流浹背，滿臉潮紅。「木の根道」是由大杉林裸露的根系，盤盤交錯，相互連理形成的一個天然走道，相傳是天狗（日本最有名的大鼻子妖怪，傳說他是山神的使者）訓練牛若丸的地方。

牛若丸，一個平安末期的傳奇人物，因為有他的輔助，幫源賴朝打天下。日本政權由天皇轉為武家主導，第一個由武家統治的鎌倉幕府，正式誕生。

桓武天皇的平安京，經過數代的繁衍，皇族的人數已經造成皇室的負擔，於是開始將旁枝散葉的皇室子孫貶為臣籍。但是仍然止不住宮廷的內鬥、權力的爭奪，其中最有勢力的當屬平氏與源氏。

平氏的領袖，平清盛，仗著宮廷背後的勢力，處處壓迫源氏。最後還發動征討，將源氏的領袖源義朝殺死，捕獲義朝的三兒子源賴朝。原本賴朝也要就地處決，卻因平清盛的母親求情，才免除一死，流放到伊豆。

牛若丸是義朝的幼子，他原跟著母親往南避難，但仍逃不過追捕。幸好平清盛看上了他的母親，才讓牛若丸躲開死劫。平清盛擔心將來牛若丸長大會報復，於是把他送到叢林密布的鞍馬寺，交由住持看管。

一下子從貴族舒適的生活，變成在山裡清修過活的孤兒，牛若丸有著與一般小孩不同的堅強心性。當時才七歲的牛若丸，白天跟著住持學習佛理，晚上則偷偷地跑到山裡找天狗大師學習武藝。而鞍馬山的太古森林則提供牛若丸最好的習武場所，整座山林都有牛若丸踏過的足跡。

十六歲那年，牛若丸擺脫鞍馬寺的束縛，接受藤原家的資助，來到父親被殺的地方行成人禮，正式取名為「源義經」。這段期間，義經的三哥源賴朝在鎌倉慢慢站穩腳步，緊接著舉兵聲討平氏，新一波的源平之戰又將開啟。

義經聽聞哥哥的舉動，立刻帶領他的部下弁慶追隨哥哥。戰爭期間，每遇艱辛難攻的任務，義經總是能異兵突起，帶領軍隊走向勝利。不但幫哥哥奪得城池更將自己的名聲推到極高點。

「戰神」源義經，所到之處，敵人聞風喪膽。平氏也因義經善戰，而兵敗如山倒。漸漸的，義經屢戰屢勝的功績，讓他膨脹了起來，開始不聽哥哥源賴朝的命令，剛剛重掌政權的賴朝怎麼可以忍受？於是處處壓制，不讓義經領兵。如此行為反而刺激義經的武將性格，火起來就是打，但是又怎麼敵得過擅長政治謀算的哥哥呢？

一代戰神，戰國初期的武將源義經，唯一的敗戰就敗在自家人手裡，最後走向自殺一途，死時僅三十一歲。他的忠誠追隨者——弁慶，也早主子一步擋在前頭護衛著義經，站著被射死。而哥哥源賴朝則藉此一役，奠定自己的地位，成為開啟鎌倉幕府的總舵手。

鞍馬山的林道，處處留有義經年輕的身影，剛剛經過的「義經堂」是他的住處，林道裡還有他每天揹著往返山林間的那顆石頭，以及他歇息喝水的地方。那個在「木の根道」與大天狗較量學習武術的少年，可曾想過他光輝的一生最後卻落得如此下場，

「人生」的確是一場無法預測的道路。

栗子炊飯好味道

我踏著少年牛若丸的足跡，向本殿走去。通過牛若丸曾背負的大石頭，山道慢慢轉為下坡，不久就會看到靈寶殿（裡面有鞍馬寺鎮寺之寶毘沙門天像），到此整個森林古道算是走過了。放在山門旁的登山杖，是給裝備不夠的人用的，看著大小不一的登山杖，有著被手握過的光澤，它也曾幫助過需要的人啊！我們都是在無形中接受著萬物的資助，人在大自然面前真的要謙卑，要敬畏萬物。

鞍馬寺分散式的建築占據整座鞍馬山。站在本殿金堂，寬廣的殿前平台正好可以俯瞰整個鞍馬寺，各建築沿著山邊層層矗立直到山下，一股氣吞山河的壯志油然而生。少年武將每日看到這樣的景色，怎麼可能乖乖待在山上，那股澎湃勃發的生命力，又豈是佛寺念念不休的佛號可以束縛。

本殿的標高是四百多公尺，所以要從山下一個個階梯爬上來，的確是件滿吃力的活，但是寺方很貼心地早早就蓋好登山纜車，讓不善走階梯的人也能到達金堂參拜，這真是佛心來的。

拜我平日鍛鍊的體能所賜，最艱難的那一段山道我已經完成了，所以我可以優哉游哉地走下山來。鞍馬寺並沒有因為建寺的

鞍馬寺

便利就把珍貴的杉樹林砍伐殆盡，反而留下樹齡達數百年的大杉樹，走在鞍馬寺的登山階梯，處處可見高聳入雲的大杉林，大樹產生的磁場，像芬多精般自然融入我的身體裡，吐納間這種與大自然融為一體的感覺十分神奇，難怪可以孕育出像義經這樣的人物來。

在鞍馬山中段的位置有間由岐神社，是求子安胎的神社，神社的建築保留桃山文化的象徵，我看到很多的奉獻，大大小小的狛犬，護衛著嬰兒，應該是滿靈驗的吧！

從由岐神社走到鞍馬寺大門——仁王門，只有短短幾百公尺，但是我腦海裡卻不斷上演戰國時代兄弟相殘的畫面，突然抬頭看到守門的「阿吽の虎」（傳說中伊勢人夢中所騎的老虎）石像，身體一陣機靈，停，我複雜的思緒頓時清明，那是歷史演變

左：鞍馬寺仁王門
右上：由岐神社　右下：阿吽之虎

的過程，我沒必要一直糾結到現在。想想剛剛看到的聖觀音立像，菩薩慈悲的模樣，願渡眾生，一悲一喜，相相互引，這就是人生，不論是義經還是賴朝，甚至是我，我們都是在為自己的人生而努力啊！

走出鞍馬寺，或許是雨天，商店街有種清淨和寂的感覺，但是頗殺風景的是，我肚子餓了。找了這家「岸本老鋪」，老鋪以牛若餅出名，但是牛若餅卻賣完了，不過有香香的栗子炊飯，正合秋日節氣，再來兩個包餡甜麻糬，跟濃濃的咖啡。我悲傷的肚子也得到安慰了。

上：栗子飯　　下：岸本老鋪的牛若餅賣完了，殘念

神遊時間
約120分
加上森林步道，約2個小時。

怎麼到鞍馬寺

大眾運輸

- 在「出町柳」搭叡山電鐵鞍馬線，在「鞍馬」站下車，跟著指標走約 5 分鐘，即可到達。
- 從貴船神社走森林古道約 2 個小時到本殿。

地址：京都市左京區鞍馬本町 1074

電話：075-781-5121

愛山費：300 日圓

怎麼到岸本老鋪

大眾運輸

- 在「出町柳」搭叡山電鐵鞍馬線，在「鞍馬」站下車，站前步行約 30 公尺，即可到達。

03

TAKANOGAWA & KAMOGAWA

高野鴨川

大合流

站在新葵橋上，看著合流的高野川跟鴨川，沒有想像中的水勢壯闊，也沒有波濤洶湧的沖擊聲。反而有種大自然的恬淡，川水靜靜地就流到一塊了，沒有喧嘩，只有交流，川水邊的河岸地，有人散步、有人寫生、跑步、遛狗，一派悠哉自怡。

掌控著鴨川跟高野川合流處的下鴨神社，自古就具有重要的地位，下鴨神社的附近更保有一塊原始森林──「糺の森」，森林裡藏著好些寶藏等人挖掘，裡頭還有一間讓人更美的河合神社。

下鴨神社

世界遺產 下鴨神社

身為京都最古老的神社之一，下鴨神社的歷史遠遠比京都還要來的長久，不管是鎮守北方鬼怪的出入要道，還是掌控人民的生命水源，下鴨神社都有重要的地位，其地理位置也一直是鬼怪與兵家必爭之地。

下鴨神社一直保持著平安朝的建築風格，我們熟知的平安神宮也是如此，只不過最初的平安神宮早已毀在戰火中，現今的建築是近代仿平安朝當時的宮殿建造，而下鴨神社的建築則是歷久彌新，香火依然鼎盛，屹立不搖。

中門

我從西參道走進下鴨神社，秋日的陽光和煦多了，整個神社被籠罩在一片祥和的光線中。時間彷若暫停了，平安朝的人物像電影畫面站立在我眼前，我可以清楚看見他們臉上表情的線條、衣服的色澤、肢體的動作……。神社是最美的背景，紅色為主的建築，襯托出平安朝的富裕風華，這是日本天皇統治時期最美的年代。

下鴨神社也是最受京都人喜愛的日式婚禮場所，多層次的宮殿群，讓新人走在其中，更覺幸福喜悅。我看過平安神宮廣場婚禮的莊嚴肅穆，很期待看到這裡藉由殿與殿中間的空隙，新人迂迴穿梭又是怎樣的景象。

穿過中門，來到言社，裡面放了七座拜壇，每座拜壇兩兩一組，共六組供奉十二支（十二生肖），拜壇上用地支名的布簾來標明，子（鼠）、丑（牛）、寅（虎）、卯（兔）、辰（龍）、巳（蛇）、午（馬）、未（羊）、申（猴）、酉（雞）、戌（狗）、亥（豬）。我找到自己所屬的守護社，就十分虔誠地鞠躬敬禮。順便買買生肖御守，帶在身邊求平安。

上：申辰同為一個守護社　下：生肖御守

參拜完這少見的言社，再往裡走就是本殿了。本殿的建築十分特殊，像連體雙生的兩座宮殿，分別為東本殿跟西本殿。兩殿所供奉的主神不同，西本殿供奉的是保佑國家安泰、解除厄運、交通安全的「茂賀建角身命」。下鴨神社的本名是「茂賀御祖神社」，想來應該就是以祂為名了。東本殿供奉的是「玉依媛命」，祂是跟婚姻、結緣、安產、育兒有關的神祇。所以有所求時，要弄清楚神位，才不會白作工，求錯了神明。

井上社的秋日時光

走出主殿往左手邊有座造型優雅、弧線拱身的紅色小橋，走上紅橋，穿過鳥居，眼前的畫面，令人不由自主微笑了起來。

這是秋日大自然的恩賜，陽光穿過樹枝縫隙，斜斜地照在溪水上，正在溪中玩耍的孩童，手腳並用，互相潑水嘻笑，陽光在他們的臉上顯得更燦爛了。孩子們的家長似乎很習慣了，坐在一旁，打開食盒，呼喚他們回來享用。

我的腳也忍不住了，通知我也想拋開鞋子的束縛，這好像沒有大人在玩啊！可是，我也從沒大人過，才一閃念頭，我的雙足就已經浸到水裡了。哇！清涼得還有點冷冽的溪水，原來我被陽光的溫暖蒙騙了，但是好舒服啊！等我慢慢適應了溪水的溫度，便開始慢慢遊走在溪水間。

溪水底下由一灘鵝卵石鋪就，愈往上游走水愈深，等到碰及膝蓋，我就停了下來，前方有座小神社，是被暱稱為御手洗社的井上社。池就蓋在池水之上，我所在的深水池就是御手洗池。這御手洗池很神奇，會自然湧出泉水，京都的三大祭典之一——葵祭（全部用葵葉裝飾的祭典），池的主祭者就是那位野宮神社的皇室之女「齋王」，她會在此池水先洗手清淨後才進行儀式，也會在此舉行下鴨神社另一個有名的御手洗祭。

井上社是保佑民眾遠離災厄的神祇，我平日愛到處亂跑，這碰上麻煩的事特別多，所以得乖乖站好，認真參拜才是。

溪水清澈，輕輕為我按摩腳背，我慢慢地走來走去，來到剛剛走過的紅橋。從橋下往上看，又是一番不同的樣貌。紅色的橋身，橋下溪水碧波連天，連天上的雲都駐足了，這畫面的美覺效果驚人，我也深深被吸入這靜謐的氛圍中，彷彿可以感受到紅橋的自戀與白雲的眷戀。

我走在鵝卵石的

左上：御手洗池上的一抹紅橋　左下：御手洗池
右：御手洗社——井上社

相生社前的男女石像

溪水中，一邊進行足底按摩，一邊詠嘆秋日時光，真是「一兼二顧，摸蛤蠣兼洗褲」。哈哈，這浪漫氣氛瞬間被擊倒了。

走出氣派非凡的樓門，右手邊有個相生社，也是一個結緣的神社。社前方有對可愛的男女石像，扮相就是以源氏物語中的男女主角為藍本，還有兩株連成一株的「幸木」。最有趣的是他所販賣的繪馬、結緣書籤、結緣御守，都是以男女兩個一組的，連抽的籤筒都有男女之分，真正達到結緣的目的了。

糺之森（糺の森）的森林市集

逛完這有趣的神社後，正前方有個大大的鳥居，出了鳥居會看到一條筆直的表參道。表參道的寬度約可容納四輛車並排行進，但是這麼寬大好走的路，我偏偏彎進旁邊沿著溪水的小路，因為這裡是有名的糺之森。

位在森林路口處有間「さるや宝泉」的休憩所，裡面賣的是葵祭名物「申餅」，申餅的外貌就是粉紅色包餡的糯米丸子，如果再搭配黑豆茶，就可以補足整個秋天的元氣了。

糺之森位在表參道的兩側，盡是高大樹木圍攏的區域，這區域占地約有十二萬四千多平方公尺，如此廣大的森林卻一直維持著它原始的狀況，這在都市中是十分難得的。

清澈可見底的溪水充斥在整個森林區域，從下鴨神社流出的御手洗川，到了大鳥居附近開始分流，分成奈良小川、瀨見小川、泉川。其中泉川跟瀨見小川分列在表參道兩側，一直到出町柳才與高野川匯流。森林裡高大的樹木，恍若一整隊的士兵，圍成一個綠色堡壘，樹高參天，接拱成一個天綠的蒼穹，陽光像小媳婦般畏畏縮縮，閃閃躲躲的。走在樹林裡，豐厚的陰離子，讓高溫急降數度，變得涼爽多了。

但是令人驚奇的是，今天有森林市集，多麼幸運啊！早一天

上：森林裡的市集
下：申餅跟黑豆茶

或晚一天都不如今天的湊巧。市集我逛多了，但是在森林裡的市集倒是第一次，而這一次就讓我驚豔連連，大開眼界讓人還想再來一次。

跟國外的二手市集、跳蚤市場，或是東寺的雜貨古物市場略有不同，這個森林露天市集的攤主幾乎都是手作達人，他們有的強調巧技，有的展現不同凡俗的創意，這都讓人感到新奇萬分，每樣商品從配色到擺置，都充滿著攤主的用心與巧思，這實在很值得我們台灣現代的創意市集參考。

市集的分位也很有規劃，有用餐區、手作體驗區、商品區、農作區等，其實連販賣食物的餐車都很有個性，真不知他們哪來那麼多的點子啊！

聽著溪水的潺潺聲，小朋友跟著大人除了逛市集，還能赤腳在溪裡抓蝦，累了有大人鋪好的地墊可以席地休息，好一幅和樂景象，最重要的是我沒看見有人玩手機，完全是來跟大自然接觸的，這才是健康的休閒嘛！

河合神社的美人湯

糺之森的盡頭右側方，走過「瀨見の小川」上的小橋，這裡有座最受女人歡迎的神社——河合神社。祂是守護女性美麗容顏的神祇。

沿著外牆是一整排紅黑搭配的搶眼圍籬，但是河合神社本身卻古樸得很純真，好似跟美麗扯不上邊，可祂的「鏡繪馬」卻是非常搶手。

「鏡繪馬」是用木板裁成手柄鏡的樣子，上面可以畫上自己想要的容顏，然後放

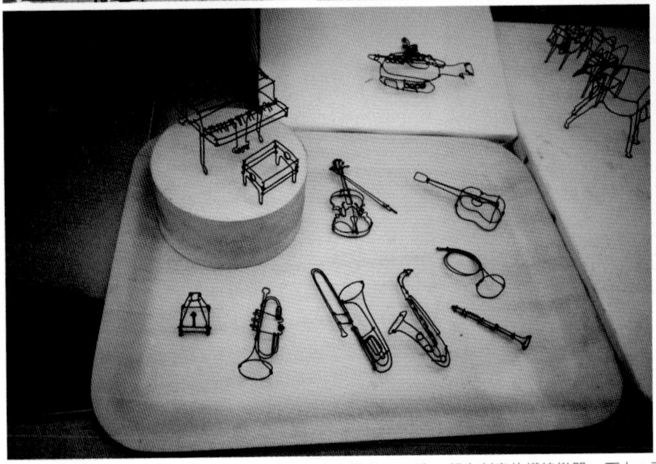

上左：漢堡餐車　上中：手作體驗區　上右：木工攤位　下左：超有創意的鐵線樂器　下右：可愛的皮鑰匙圈

河合神社

在繪馬架上，這樣美麗之神就會保佑你的容顏美麗不變。

神社大堂的前方放著一個雙手張開那樣寬的鏡子，站在鏡前一照，看到的臉，就代表著真實的你。鏡子前面擠著一群鶯鶯燕燕，不時發出尖叫與笑聲，有這麼神奇嗎？我對這個沒啥興趣，因為相由心生，人的面相常常在改變，如果能夠充實自己的內在，心存善念，遠比化妝品來的有效吧！

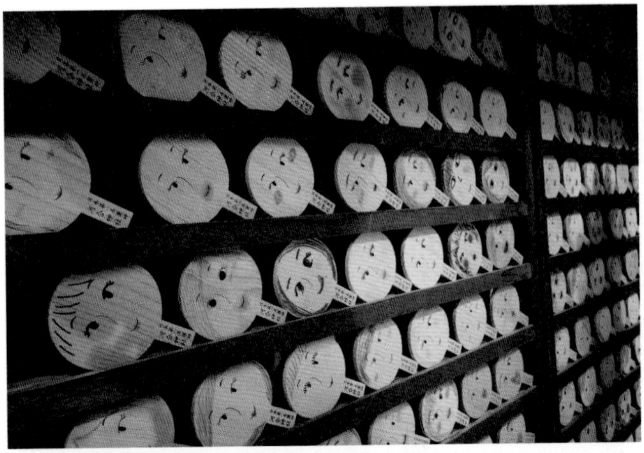
河合神社的鏡繪馬

神社旁的涼水店排得滿滿的人，我也跟著排，在日本，只要看到排隊的事，管他排什麼，排就是了，這是我在日本到處玩得到的鐵律。果然，是「美人水」耶！喝了讓你美得上天堂，這個我就想要嘗嘗了，買了杯喝下，口感清爽，有點淡淡的檸檬香味和蘆筍的甘美。一口氣喝完了，這樣我可以美美了。

左：真實之鏡　右：美人水

小小的河合神社，其實有很多好玩有趣的地方，位在後方有個「任部社」，裡面有對日本有名的三足鳥，日本足球協會的吉祥物就是以三足鳥作為範本，設計出會帶來勝利的幸運鳥。

左： 瀨見小川捕蝦的小孩　右：綠蔭下的森林市集

神遊時間

約60分

不包括逛市集，下鴨神社跟河合神社大約1個小時。

怎麼到下鴨神社、河合神社

大眾運輸

- 在 JR「京都」站搭市巴士 4、205 號，在「下鴨神社前」站下車，徒步約 5 分鐘即可抵達。
- 由京阪電氣鐵道京阪本線「神宮丸太町」站徒步約 5 分鐘即可抵達。
- 地鐵烏丸線「北大路站」站接市巴士 1、205 號在「下鴨神社前」站下車，徒步約 5 分鐘即可抵達。
- 搭乘京阪電鐵在「出町柳」站下車，徒步約 12 分鐘，即可到達。

自行開車

- 在名神高速道路「京都東交流道」或「京都三條交流道」下交流道約 10 分鐘，即可到達。

地址：京都府京都市左京區下鴨泉川町 59

電話：075-781-0010

參拜時間：自由參拜，全年無休，開放時間為 6:00 ～ 18:00。

高野川與鴨川匯流處

在誠心院追逐嘻笑的中學生

第五章

中麒麟

神遊洛中

京都的中樞在洛中

集政治、經濟、文教於一身的洛中區，有著與大城市相同的面貌，行政中心京都市政廳的簡潔便利，商業金融河原烏丸的熱鬧繁華，還有文化氣息濃厚的大學城區。但是身為古都的京都，在歷史的長河裡，有了天皇所居的京都御所、御苑，以及德川幕府的二条城，自然顯現出與眾不同的氣度來，造訪京都，這些地方都是不容錯過的。

01

繁華盡落
二条城
NIJOJO

元離宮二条城

如果不是黑船事件（日本第一次接觸到西方的黑色戰艦），如果不是德川幕府末期的「志士勤皇運動」，要求還政天皇，我想說不定日本現在還是德川幕府統治呢！

當幕府將軍德川慶喜將朝政權柄奉還給明治天皇時，作為日本最後一代的幕府，德川家族應該最能感受到這種由盛轉衰的無奈與落寞。二条城從織田信長始建，到豐臣秀吉的擴建，又由德川家康接收與重建，最後歸回天皇所有，一切時光流轉，歷史更迭，人物的起起落落，二条城一一入目，看盡人世的滄桑。

春日韶韶，溫暖和

煦的朝陽，喚醒櫻花，盛開在二条城。二条城早已熟稔這種季節的輪轉，此時正展現最美的姿容在眾人眼前。

三人挑水 最後是誰得利

自從織田信長上京後，一統戰國的野心愈加明顯，他積極地布局：先將親王收為養子，希望他能承繼天皇之位；接著對付當時的幕府將軍足利義昭，運作朝廷的反幕勢力，罷黜足利義昭；然後在京都蓋自己的住所，方便掌控天皇與幕府。二条城就是他實現目標的一步，只是統一的果實尚未嘗到就被部下明智光秀追殺到最後以自刎結束一生。

接替他實現願望的是豐臣秀吉，秀吉用他靈活的手腕，接續織田信長的布局，最後統一日本，成為天皇授權的關白（地位只在天皇一人之下，卻是實際掌控政權的人）。他也一樣接收二条城，將二条城整飭得更加富麗堂皇，所有可以展現財富權力的象徵，通通放進二条城。但也如曇花一現終究不能長久，這豐美的果實，被德川家康整盤拿走。

家康拿到的二条城，其實也是殘破不堪的，因為東西軍（秀吉死後，軍閥間互爭權力而形成東西對壘）互相戰鬥爭權，戰火延燒，二条城怎能躲得過呢？最後的勝利者德川家康，為了彰顯自己獨一無二的權勢，重建了二

上：二条城主建築群　下：唐破風的華麗唐門

上：櫻花盡顯二条城的風華　下：垂櫻前的日本高中生

条城，從建築規模就可以發現，他的架構宏偉，氣勢非凡，奢華程度直逼皇居。這或許也是家康想給住在一旁京都御所裡的天皇，一個下馬威吧！畢竟擁有軍隊實力的人，遠遠勝過只能依靠幕府的天皇吧！

二条城裡的建築，美輪美奐，入口處的唐門，採用「唐破風」的建築美學，貼上金箔後更是雍容。從唐門進入，便可一窺德川家富可敵國的實力。走在二条城中，每每可以感受到德川家為天下霸主的氣派與張揚。

春天繁花盛開的時刻，二条城有了嬌嫩的櫻花點綴，終究少了些殺伐顯貴，多了浪漫的氛圍。二之丸御殿是「大政奉還」的地點，從此結束了德川幕府二百多年的統治。德川家在二条城所擁有的權力全部還給了明治天皇，天皇最終成為二条城的主人。

神遊時間
約30分

怎麼到二条城

大眾運輸

- 在 JR「京都」站搭市巴士 9、50 或 101 號，在「二条城前」站下車即可抵達。
- 地鐵東西線在「二条城前」站下車即可抵達。

自行開車

- 在名神高速道路「京都東交流道」下高速公路，約 25 分鐘即可抵達。
- 在名神高速道路「京都南交流道」下高速公路，約 30 分鐘即可抵達。

地址：京都府京都市中京區二條通堀川西入二條城町 541

電話：075-841-0096

參觀門票：大人 600 日圓（團體 500 日圓）、學生 350 日圓、兒童 200 日圓

參觀時間：08:45～17:00（12 月 26 日～1 月 4 日休息，每 1 月、7 月、8 月及 12 月的星期二休息）

02

GOOUJINJA

護王神社得驚喜

這雨，來得有些突然。原是一滴兩滴若有似無，怎知過了馬路，就如傾盆的水從天而下，一下子，我成了落湯雞。眼下除了住宅，別無商家可避雨，我跑了幾步，斜前方好像是間神社，不管了，先進去躲雨再說。

這護王神社的御手洗處就擺了隻翹起後腿與臀部的山豬石像，原來是「霊猪手水舍」泉水從豬鼻子流出，用勺子接水會碰到豬鼻，這會對來參拜的人帶來好運。

正直不阿的和氣清麻呂

護王神社供奉的主神是「護王大明神」和氣清麻呂公命。這和氣清麻呂可是大大有來頭的。

據說，奈良時代（京都建都之前），當時的孝謙天皇寵信妖僧道鏡，處處讓他參與政務，甚至封他為法王，地位等同天皇。這一授權，導致道鏡野心愈來愈大，最後還假借神託之說，要他成為下任天皇。不料這詭計被和氣清麻呂識破，點明皇位該傳給有血緣的皇族，而非外人。由於和氣清麻呂這一阻撓，使得萬世一系的天皇血統得以維繫，他的人像曾出現在二次大戰前的日本十元紙幣上，可見他的功績有多麼偉大。

和氣清麻呂像

由於和氣清麻呂的大氣凜然，維護正統，得到繼位的桓武天皇賞識，因此平安京建都就交

左：護王神社
右上：豬御手洗
右下：亥串

由他來統籌設計。而他也不負使命，將京都建設成繁榮千年的京城。在護王神社的拜殿前方，有雌雄一對的靈豬石像。相傳，和氣清麻呂點破道鏡的詭計，卻惹得孝謙天皇不悅，於是將他流放到大隅國（現今九州鹿兒島）。和氣清麻呂在前往大隅國時，在宇佐遭到追殺，這時突然出現三百多頭的豬隻守護著他，讓他平安脫險。

江戶時代（德川幕府統治期）孝明天皇時，感念和氣清麻呂的勞苦功高，於是頒他「護王大明神」的神格，建神社祭拜他，並讓這群山豬成為神社的守護神獸。後來的明治天皇甚至將十元的日幣畫上他的肖像，並將京都御所附近的公侯住所畫出一分地給祂，把神社搬至此處。這神社還有一點很特別的是，從日本各地，甚至遠從國外的各種豬的造型玩偶，通通被信徒帶來此處成為被供奉的對象，總計約有三千多隻以上。

神社的御本殿前，有一棵招魂樹，前方也有一隻許願的豬，信徒可以在造型像一隻豬站立的許願牌上，寫上自己所許的願望，然後插在許願豬的周圍。亥串（豬型許願牌）一組兩支，一支插在樹前方的位置，一支帶回家中的神龕供奉，保佑全家平安順事。此外和氣清麻呂在流放時，幫助腳萎縮不能走路的人，慢慢痊癒，甚至能夠站立行走。當地人認為他有神的庇佑，因此護王神社專門庇佑足、腰健康。

護王神社不但能造福日本人，祂也提供良好的休憩地點讓我躲雨，讓我訪史，讓我發思古幽情，真是大大的善心。

被信徒供奉的各式造型豬

神遊時間 約30分

怎麼到護王神社

大眾運輸

- 地下鐵烏丸線「丸太町」站下車，往北徒步 5 分鐘。

自行開車

- 在名神高速道路「京都東交流道」下高速公路，約 10 分鐘即可抵達。

地址：京都市上京區烏丸通下長者町下ル櫻鶴圓町 385

參拜時間：自由參拜

03

DOSHISHA
同志社大
昂壯志

蒼空に近く 神を思う瞳
挙れり同志社 一の精神
伝えよ我が鐘 ひびけ高く
栄光新に 梢とそよがん
樹えよ人を 耀け自由
我等 我等 地に生きん

——節錄同志社大學校歌

同志社大學的創校人新島襄，他在德川幕府的鎖國政策下，帶著滿腔的熱血，不怕違反禁令，偷偷地出國求學，吸取新知。向每一位懷抱著偉大使命的前輩看齊，新島襄認為不從國外吸取新知，了解整個世界的脈動，日本是不會進步的。

回國後，新島襄找到一群志氣相投的同志，共同為啟迪日本人思想而努力，最後創立了這所同志社大學。就像校歌裡所描述的：在接近蒼穹的地方，有著神的眼眸照看著，同志們緊握雙手，一同為共同的理念努力，鐘聲從高處不斷地迴響著：新的榮光將從樹梢降臨，不管是樹還是人類，一切一切生活在這片土地的任何生命，都可享受著榮耀的自由之光。

德川幕府的鎖國政策，雖然讓戰國時紛擾的百姓得到喘息，並讓日本有了百多年的安定生

同志社大學

文化堂咖啡店

活。但是一次黑船事件就曝露出鎖國政策的顢頇與無知，這正巧讓一群年輕人將長久蟄伏在心裡的火苗重新燃起，於是一連串充滿活力的波動就如潮水般不斷不斷地翻騰激盪，日本新的時代就在他們的手上展開了。

走在同志社的校園裡，眼裡看到的或許沒有前人那般握緊雙拳、高聲疾呼為理念到處奔波宣傳的畫面，但是在校園中看到的校舍，卻又處處昭告著那段篳路藍縷的艱辛，我在學生的眼神與肢體裡看到他們認同前輩的理念，以身為同志社大學的學生為榮耀，前輩們那般不畏艱難、辛苦栽種希望之苗，終於在他們身上開花結果了。

陽燈館體驗 明治風紅茶

腦海裡沉浸在同志社大學壯志凌雲的激昂中，身體卻慢慢往校園外走去，大馬路旁邊有家文化館，外觀十分別致，有著簡潔美麗的窗櫺，店內瀰漫著咖啡與香菸雪茄的混合味道，頗有當年明治大正時代，文化青年抽著雪茄菸，一邊喝咖啡一邊拿著報紙，跟夥伴們辯論時意氣風發的氣味。

這是我在日本到過的咖啡廳中，少有的印象，室內的煙味讓人要一段時間才能適應，但是送上來的起司火腿焗烤土司卻意外的香濃，一下子就壓過菸味了。起司跟火腿間有一片片清甜的番茄，跟絲絲的青椒，搭配起來味道好極了。咖啡是手沖的微酸味，帶點橡木與花果的微香氣，味道並不濃烈，實在很難跟起司的香濃匹敵。

比起文化館的煙燻，我更推崇隔街的「陽燈館」。要推開陽燈館的大門，需要一股探索未知的勇氣，因為他整棟大樓的建築就好像明治時代的政府機構，類巴洛克的圓柱造型，一概低沉的鉛灰色外觀，厚重的彩繪鑲嵌木門像是防人進入的森嚴，唯一透露祕密的是那有歷史的彩色玻璃所透出的光。

我略帶遲疑地推開大門，當大門張開那瞬間，流瀉出昏黃的色澤，一種時光倒轉的暈眩感直撲而來，室內只靠著微弱的燈泡，瑩瑩中上演著「時光請為我停留」的戲碼，咖啡色的設計讓歲月增加了厚重，一切擺設彷彿不曾挪動過，一如當初。

這時間感如此鮮明，屏風是如此，餐桌椅子是如此，就算是櫃台與收銀檯經時間的洗禮還是閃閃如往昔。我找了個位置坐下來，點了一份錫蘭紅茶。紅茶是一組式的英式下午茶，但是旁邊附上的滴漏，卻宣告著這茶是如此

左：陽燈館的吧檯　中：大正時代的氛圍　右：陽燈館的彩繪玻璃

朝日啤酒廣告

講究、一絲不苟，有了沙漏分秒不差的計算，紅茶的味道在這濃濃的明治氛圍下，來來回回不斷浸潤，入口時再攪拌一湯匙的清甜蜂蜜，果然是不同一般紅茶的濃密酸澀，反而滑潤順口，再搭配精心製作的糕點，這下午我就讓明治風的陽燈館給收買了。

亮閃閃的高級茶具

沙漏計時

神遊時間
約30分

校園約30分鐘，用餐休憩約2小時。

怎麼到同志社大學、文化館

大眾運輸

- 在 JR「京都」站搭市巴士 59、102 或 201 號，在「同志社前」站下車即可抵達。
- 地下鐵烏丸線「烏丸今出川」站下車，徒步 1 分鐘，即可抵達。

自行開車

- 在名神高速道路「京都東交流道」下高速公路，約 25 分鐘即可抵達。
- 在名神高速道路「京都南交流道」下高速公路，約 30 分鐘即可抵達。

地址：京都市上京區今出川通烏丸東入

電話：075-251-3120（宣傳課）

怎麼到陽燈館

大眾運輸

- 地下鐵烏丸線「烏丸今出川」站下車，徒步 5 分鐘，即可抵達。

地址：京都市上京區今出川通室町西入堀出シ町 304- 4

電話：075-411-1155

網址：www.yotokan.jp

營業時間：11:00 ～ 18:00，星期一公休

04

SEIMEIJINJA

晴明神社

除厄守

由於敝人個性敢怒又敢言，常在職場上得罪小人，偏偏又不肯服軟，招人言語挑釁，進而人際關係緊張，經常出現意外狀況，讓人左支右絀應接不暇。這時突聞晴明神社最能解此煩人的狀況，像是民間收驚那樣，加上我平常就對這類科學無法解釋的事情特別感興趣，所以參拜晴明神社就是來京都必訪的行程。話說，自己只要好好改變一下應對人際的方式就好，但我又固執己見，見不得妥協，所以有這類因應擾人狀況的方式，我當然是樂此不疲，勇於嘗試。

晴明神社

晴明神社位在西陣織館的後方，小小一間神社，並不明顯，但是真的神奇，自從我拜託同學幫我求得「除厄守」回來後，一些我認為煩躁的職場騷擾事件就漸漸減少甚至不再出現，對於這種現象，我當然是大大稱許，於是只要來京都，我必上門求此「除厄守」，來保佑我順順當當。

「除厄守」跟一般的御守不太一樣，他全身黑色，有著紅色五星芒的守護，這下可真的把那些「魑魅魍魎」除得乾乾淨淨。

大陰陽師安倍法力高強

這次碰上難得的晴明祭，一早人潮就將小小神社擠得水洩不通，神社前的空地頓時變成兵家必爭之地，狹隘的走道充滿祭典的熱鬧氣氛。穿過滿滿的攤位，來到神社前，社方工作人員正好在裝配神轎，這也是很難得的機會，已經很多人排好隊準備鑽神轎底，去霉氣了。

我趕緊先在大殿前跟著另一波人潮慢慢前進，準備輪到我時好好參拜晴明法師。晴明何許人也？只要看過相關小說、電影、動漫一定對陰陽師的法力高強尊敬崇拜不已。而晴明正是平安時代最厲害的陰陽師，發生在他身上的種種傳奇，紛紛以各種方式宣傳出來。

安倍就是晴明的姓氏，安倍晴明從小就展現他的與眾不同，他能與動物或是我們看不見的東西對談。成長之後的晴明經過符咒大師的傳授教導，他在畫符施咒方面更是領先群倫。往往各家陰陽師相互鬥法的結果，獲勝的總是晴明。也因為這樣子，晴明法術高強的事蹟開始在平民跟貴族口中傳了起來，晴明的聲望愈來愈高，很快就得到天皇的注意與好奇，因晴明幫助天皇解決很

左：安倍晴明像　右：除厄桃

多惱人、無法解釋的問題，天皇馬上成為晴明的粉絲。由於天皇的信任，命令晴明擔任守護鬼位（京都建城時，因四方風水對應出的方位）的陰陽師，以防孤魂野鬼出來擾民，晴明很快就成為全日本最厲害的陰陽師。

法師最讓我羨慕的是，他能用符紙剪出人形召出「氏神」（一般指略有法力的小鬼），然後驅使氏神去為他服務。我卑微的心願就是有免費的人可以指使，比起晴明法師的眾多法力，這項法術，我可是羨慕不已。

在晴明神社前的一條戻橋，楊柳垂旁邊正是跪著的氏神，跟我心目中的氏神略有不同，但可以確定的是陰陽師安倍晴明的確能夠驅使鬼神，這件事自平安朝就一直被傳說著。

上：戻橋跟氏神
下：神社特有的五星芒

神遊時間 約30分

怎麼到晴明神社

大眾運輸

- 在 JR「京都」站搭市巴士 9、12 或 101 號，在「堀川今出川」站下車，徒步 5 分鐘即可抵達。
- 地下鐵烏丸線「烏丸今出川」站下車，徒步 10 分鐘，即可抵達。

自行開車

- 在名神高速道路「京都東交流道」下高速公路，約 25 分鐘即可抵達。
- 在名神高速道路「京都南交流道」下高速公路，約 30 分鐘即可抵達。

地址：京都市上京區堀川通一条上ル晴明町 806

電話：075-441-6460

05

KAWARAMACHI & OIKE
河原御池
四条通

河原町通、御池通、烏丸通和四条通剛好合圍一個正方形的商業區，在這個商業區裡有著京都密度最高的寺廟群，有號稱京都廚房的錦市場，有織田信長遇害自殺的本能寺，有數不盡的知名餐廳，有逛不完的商店街，還有氣氛超好的木屋町通，走在此處根本感受不到經濟不景氣，滿滿的人潮川流不息，排隊等候美食算是家常便飯了。

寺町通寺廟 **密度高**

穿過此區的中軸線就是寺町通了，顧名思義，寺町通就是一條「寺廟街」。會有如此一條街，這得說到豐臣秀吉了。當秀吉完全擁有掌控統治日本的權力時，他大刀闊斧地將京都重新洗牌，首先是規劃新的街道，將原本正方形的町，從南北向切開變成長方形，這樣多了道路，商店就沿著路孕育而生，經濟活絡了，人民的荷包就滿滿了。

寺町通

接著就是將散落在京都的大大小小寺院全部集中管理，原因也跟桓武天皇興建平安京的用意一樣，深怕寺院的力量太大，容易左右民心，操弄政局，這樣秀吉就會陷入管理不易的困境。

寺町通上最有名的景點當屬織田信長自殺的本能寺，但是真正的本能寺已在明智光秀攻擊自己主公時就已被燒毀了，現在的本能寺，是秀吉命令搬遷至此

左：錦天滿宮
右：蛸藥師堂

的。我在夏日的午後來到這間寺院，殺戮的場面是早已沉埋了，有的是悠閒地躲在樹下談論棋局的老者。

日本有部片子「本能寺大飯店」，雖然故事無理地牽拖了織田信長，也跟本能寺沒啥關聯，但是令我印象深刻的是劇中男主角的父親問了女主角一句話，「妳現在最想做什麼？」。我最想像現在這樣，做著自己喜歡的事，無關任何責任與報償。

一邊搖晃腦子想著這走過的人生，沒幾步就會碰到大大小小的寺廟，誠心院還有一群稚氣未脫的中學生，互相打鬧著，該是校外教學吧！不然現在應是上課的時間，看著他們嘻笑追逐，這世間彷彿沒有戰爭的恐懼。

錦市場裡的錦天滿宮，一樣是祭拜學問之神菅原道真，屬於商店街的這寺廟，占地雖不大，卻是最有人氣的，只見參拜的人潮從沒斷

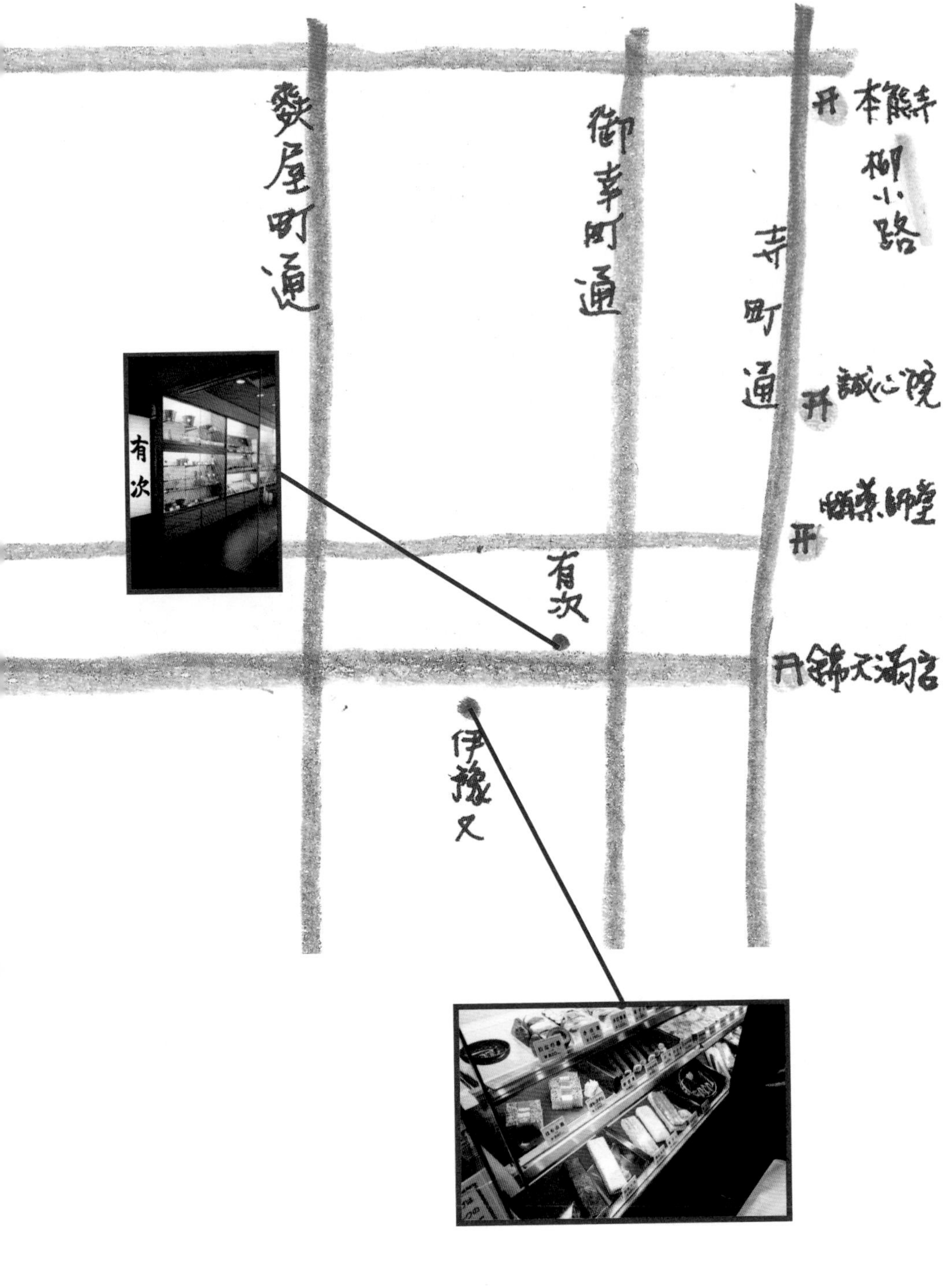
麩屋町通
御幸町通
寺町通
本能寺
柳小路
誠心院
蛸薬師堂
錦天満宮
有次
有次
伊豫又

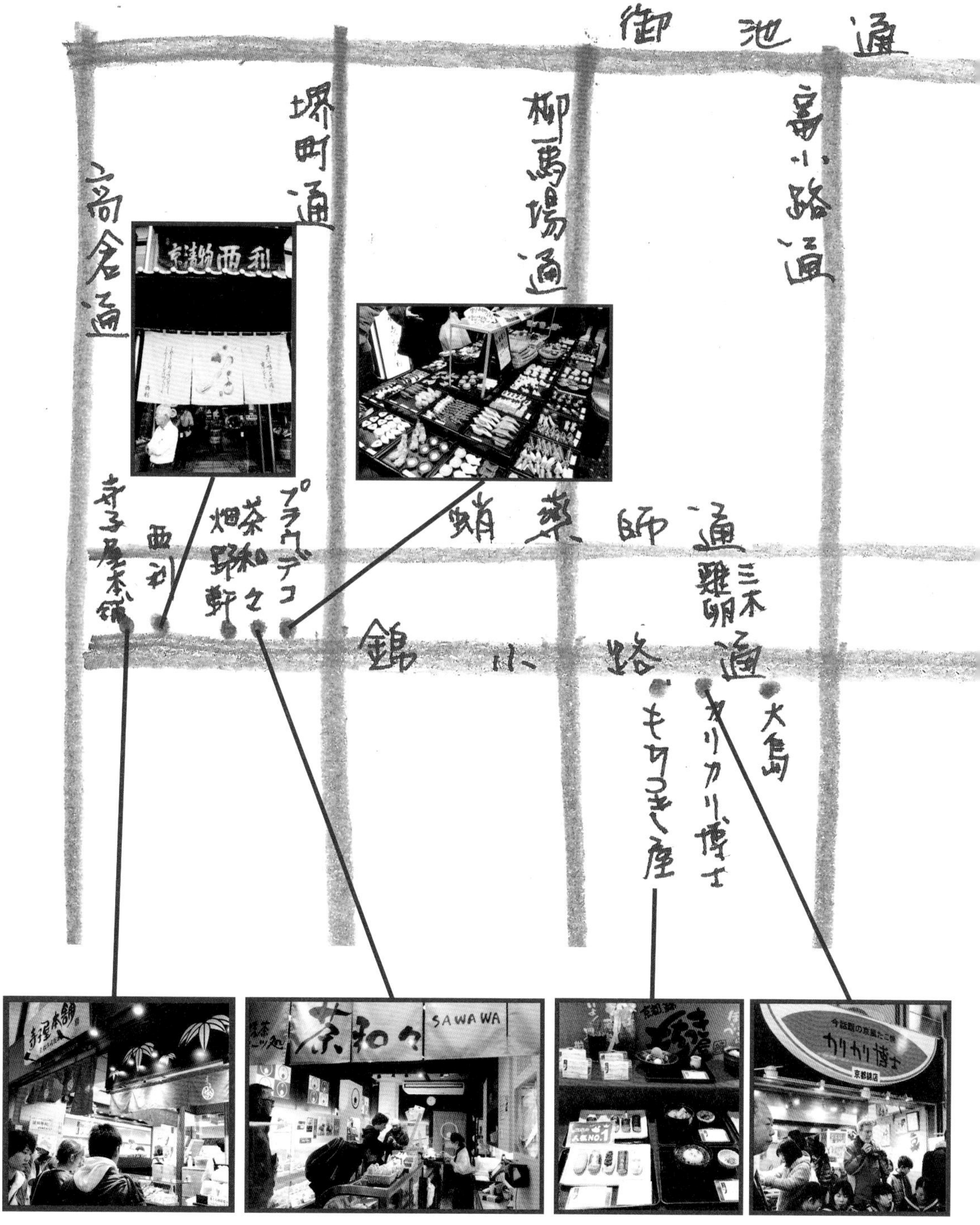
御池通
堺町通
柳馬場通
富小路通
高倉通
蛸薬師通
錦小路通
寺子屋本舗
西利
畑野軒
茶和々
三木雞卵
もちつき屋
カリカリ博士
大島
京漬物 西利
寺子屋本舗
茶和々
SAWAWA
人気NO.1
今話題の京風たこ焼
カリカリ博士
京都錦店

過，看宮前那隻被摸得閃閃發光的大銅牛，就知道這錦天滿宮有多興旺了。

穿過錦天滿宮的後方連著是蛸藥師堂，這寺堂原名淨琉璃山林秀院永福寺，主祭藥師如來。前面那個「蛸」（在日語的意思即是「章魚」）是跟著章魚的故事而來，原來永福寺的林秀住持還是小和尚時，為了讓生重病的媽媽能解想吃章魚的願望，於是抓了章魚回寺廟，沒想到被人攔了下來，想要看他竹簍子裡裝的是什麼，這下可糟了，寺院是佛門淨地，怎麼可以帶葷食呢？情急之下林秀默禱藥師如來幫他度此難關，沒想到竹簍一被打開，裡面卻是發著光的經書，頓時解了林秀住持的難堪，也在事後被得知此事的人視為奇談，廣為宣傳，於是永福寺就有了蛸藥師堂的稱呼。

蛸藥師堂是個很特別的小寺院，裡面擺了滿滿的、大大小小的佛像，還有各種動物的偶像，就連御守也有特別給寵物用的動物御守，十分有趣。

上：摸到發亮的牛銅像
下：蛸藥師堂的各式佛像

神遊時間 約60分

怎麼到寺町通

大眾運輸

- 在 JR「京都」站搭市巴士 5、10、11、12 或 86 號，在「三条京阪前」站下車，徒步 5 分鐘即可抵達。
- 在 JR「京都」站搭市巴士 10、11、12、46 或 201 號，在「四条京阪前」站下車，徒步 5 分鐘即可抵達。
- 地下鐵烏丸線「四条」站下車，徒步 10 分鐘，即可抵達。
- 地下鐵東西線「京都市役所前」站下車，徒步 5 分鐘，即可抵達。

錦市場

京都的廚房 錦市場

說到錦市場，幾乎每本日本旅遊指南都是要你親自來體驗一下京都的庶民小吃與生活作息。的確，作為京都廚房的錦市場，商品貨色應有盡有，而且傳統的京都吃食，在這裡可以一次全部包辦，就怕你肚子裝不下，無法一一嘗遍。

近來錦市場的商家腦筋動得快，紛紛改用精簡包裝的方式販賣，原本一盒一盒賣的可以變成一支一支賣，大的分量改成小分量，糖果點心更是裝成一小包一小包出售，包裝造型鮮豔誘人，讓人愛不釋手，真想通通打包回家。如此一來，不但方便旅遊的客人，更增加了商品的銷售量，就連以前箱壽司都是一整條販賣，現在也變成一貫一貫（握壽司的單位詞）賣，實在令人心動不已。最後我受不了誘惑，畢竟整條的箱壽司價值不斐，若能單獨一貫一貫買，還能選擇不同味道的魚料，真的是不買來嘗鮮，都有點對不起自己的五臟了。

但是，人氣滿點的錦市場真的是擠爆了，一批一批的遊客，沒有歇息地不斷湧入，有些店家趕著將食物賣給客人，少了精心的料理，味道也變差了。人潮讓逛街的品質越來越差，最後也只剩下熱鬧了。

我喜歡在此區周圍穿街走巷，一些有個性的商店其實就躲在這巷弄中，其中以柳小路、柳馬場通最為有味道，不管是店鋪

上：色彩繽紛的糖果　下左：史奴比專門店　下右：啤酒半價的燒烤店

的門面設計，或是販賣的手作飾品，都讓人覺得耳目一新，整條街營造出一股清爽淡雅的風格，一點也沒有商店街上的嘈雜與庸俗。

當然，圍著錦市場的周邊，只要你願意從主流的錦市場溜出來，旁邊也有各式各樣的主題特色餐廳，任君選擇。有次我就被燒烤店的「啤酒半價」吸引，想到炎炎夏日，可以狂喝半價的啤酒不是很爽氣嗎？

還有商店街裡最近流行的貓頭鷹館，可以近距離觀察貓頭鷹，甚至還能讓貓頭鷹站在你手上肩上來拍照餵食，應該是趕搭「哈利波特」這班列車的風潮吧！

sou、sou 足袋最近很有名的設計商品

神遊時間 約60分

怎麼到錦市場

大眾運輸

- 在 JR「京都」站搭市巴士 5、10、11、12 或 86 號，在「三条京阪前」站下車，徒步 5 分鐘即可抵達。
- 在 JR「京都」站搭市巴士 10、11、12、46 或 201 號，在「四条京阪前」站下車，徒步 5 分鐘即可抵達。
- 地下鐵烏丸線「四条」站下車，徒步 5 分鐘，即可抵達。
- 地下鐵東西線「京都市役所前」站下車，徒步 10 分鐘，即可抵達。

06

回首
東西本願寺
HONGANJI

東本願寺

不管來了幾次京都，第一次的印記總是最鮮明的，大姊像識途老馬早將入住的旅館訂好，我只要隨著她走即可。從京都車站出來，往右前方走，沒多久我們入住的「村上家」就到了，放好行李，距離吃晚飯的時間還有一段，姊姊說：「那就先附近走走吧！」這附近就是「東本願寺」——距離京都車站最近的景點，也是我第一個認識的日本寺廟。

在京都，冬陽消逝得總是比亞熱帶的台灣來得快，我跟姐姐走近東本願寺大門時，斜射的光線正好從門口透出，餘暉中我看到那個黑而沉穩的大殿，跟腦海中台灣色彩斑斕的寺廟一比對，東本願寺的氣勢顯然占了上風。

周遭安靜得只剩烏鴉的啼叫，我踩在鋪滿小碎石的廣場，沙沙聲敲擊著我的腳步。來到大殿前，面前一排置鞋櫃，要先脫下鞋才能登上大殿。冬天的氣旋微粒有著刺骨的能耐，就算是穿著厚厚的襪子，也無法阻撓冷氣的入侵。沒多久，我僵硬的腳步只能慢慢迂迴在東本願寺。

誰才是正宗本願寺

東本願寺跟隔著兩條大道的西本願寺，彼此同為佛門淨土宗，一樣供俸阿彌陀佛。兩寺廟就像兄弟般，不管在建築的型制風格上，御影堂、阿彌陀堂殿置的排列，皆十分相同。也因為是兄弟，所以會爭吵、比較，紛爭的根源就出在第十二代的繼承糾紛上，大哥「教如」不服繼位的三弟「准如」當法王。於是找上德川家康當靠山。得到幕府將軍庇護的教如，就脫離教團自成一派，開宗建寺，認為自己才是繼承淨土宗教團的第十二代掌門法王，稱「真宗本廟」，通稱「東本願寺」。而建造時間較久的西本願寺，原名「龍谷山本願寺」，則維持承認原來的第十二代法主准如。

西本願寺的銀杏

兩寺彼此互爭正統，教團也因為競爭而各自擁有龐大的信徒，其中西本願寺還在日領台灣時，來台建寺招收信徒，我們在西門町的中華路上所看到的，就是西本願寺的台灣別院。而為了區分同根而出的兩寺，人們就以

西本願寺

東本願寺前的櫻花

神遊時間
約50分

東西本願寺相隔不遠，若時間充裕可以兩者一起參拜，約50分鐘。

怎麼到東本願寺

大眾運輸

・在 JR「京都」站出站，沿著正前方烏丸通，徒步 5 分鐘即可抵達。

地址：京都市下京區烏丸通七条上ル常葉町 754

電話：075-371-9181

參拜時間：自由參拜，5:00 ～ 17:30（11 月～ 2 月 6:00 ～ 16:30）

怎麼到西本願寺

大眾運輸

・在 JR「京都」站出站，往左前方堀川通，徒步 10 分鐘即可抵達。
・在 JR「京都」站搭市巴士 9 或 28 號，在「西本願寺前」站下車，徒步 2 分鐘即可抵達。

地址：京都市下京區堀川通花屋町下る本願寺門前 60 號

電話：075-371-5181

參拜時間：自由參拜，5:30 ～ 18:00（11 月～ 2 月 6:00 ～ 17:00）

祂們所在的相對位置稱東、西本願寺。

走在東、西本願寺，往往會有些空間位置上的錯覺，我早年都是以西本願寺那棵百年的銀杏來區分。等到熟悉了兩間寺廟後，就會發覺，西本願寺年代久遠的大殿御影堂顯得更沉穩，也讓人更容易親近，有時秋日午後的斜陽可人，坐在大殿旁，遙望著藍得沁人的天空；或是望著黃燦燦的銀杏，一邊曬著和煦的陽光，原想一邊思索未來？通常到最後，「放空」會默默佔據所有思緒。

但是，在春天櫻花盛開的季節，卻又是東本願寺略勝一二。原因就出在祂門前那一群燦爛到不行的粉櫻，把東本願寺襯托得更是莊嚴，連金色的吊燈也顯得輝煌無比。不過西本願寺自有因應之道，各種法會毫不間斷密集展開，大型的五色旗從大殿的屋簷一字排開，春風暖暖，旗海輕飄，又是一番壯闊的波瀾。所以誰勝？誰才是本宗呢？唯有信徒們心裡得知。

大將軍
日式燒肉

位在東、西本願寺跟京都車站的這一片區塊中，可說是餐廳的兵家之地，各個餐廳為搶奪顧客與市場，無不使出渾身解數，競爭之激烈，輪換之快速，讓常來京都的我都能感受到那股分毫之爭的緊張感。

在這樣寸土寸金的地段上，能夠維持一兩年都算是很厲害了，其中這家「大將軍」算是箇中翹楚了，從我得知他的訊息到現在也有四五年了，能在京都這片方寸之區依然屹立不搖，的確有他過人的地方。

首先他們的行銷策略非常靈活，夏天氣溽，食慾不佳，烤肉店的生意自然不好，於是他們就推中午限時吃到飽，以低價攻得上班族的胃口；春秋之交，食慾

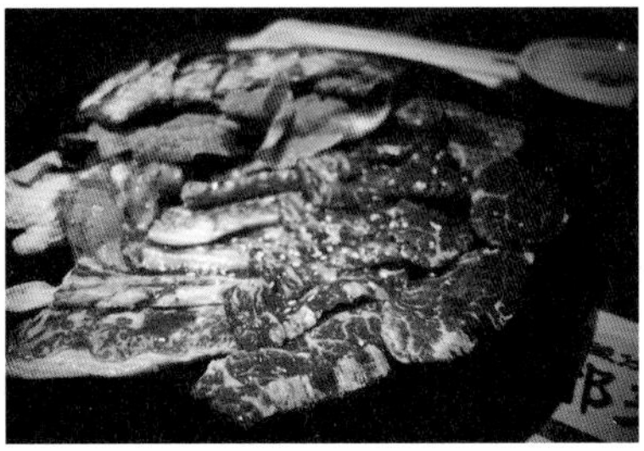

左：京都限定在地啤酒
右：滋味鮮美的烤肉

大振，就推限量的啤酒，以京都在地自釀的啤酒，原汁原味讓人感受當季的純釀，更是讓食客酒蟲大作；冬季肉質肥美，正是烤肉好時節，餐廳就推出精選上等肉款，企圖引誘饕客上門。

我每次來總要登門一次，犒賞自己的五臟廟，因為他們提供的肉產既新鮮又肥美，廚師也常常變換菜單，依據季節做出適合烤肉的配菜，就連佐酒也都恰如其分，讓人一杯接一杯。

此外，他們的點餐系統，清楚明瞭，價格標示清楚，不會讓人有心理壓力，更可以享用愉快。

怎麼到大將軍

大眾運輸

- 在 JR「京都」站出站，沿著正前方，徒步 3 分鐘即可看到招牌。

地址：京都府京都市下京區鹽小路通り烏丸西入ル東鹽小路町 577 将軍ビル 2 階

電話：075-343-1129

旅館町通好住宿

來到京都的第一晚，我住的是當地民居「村上家」，跟村上春樹有沒有關係，這可能要問大姊，可能那時她覺得名字聽起來親切吧！其實在東西本願寺附近就有好些旅館、民宿可供挑選。

再不然走出京都車站，往右方走幾個街口就會看到這條旅館通，裡面有著大大小小各式旅館，有日式榻榻米的，有西式床鋪的，還有個人入住的像船艙那樣的膠囊旅館，當然有的還分男、女的住宿方式，總之，花樣之多任君取決。

我第一次住的村上家，民宿主人輕聲和藹的語氣，讓我感受到京都人特有的親切，所以愛上了這種由民居町家改建的民宿。睡在要鋪床墊的日式榻榻米上，呼吸間不時有藺草的香氣入鼻，

純日式的民宿，還有小庭院

左：緣民宿　　右：京家民宿

冬天時還有點煤氣爐的溫暖，都讓人想起童年在金瓜石的外婆家，那個日式宿舍的美好回憶。有的民宿還備有大澡堂，可以泡湯，在台灣通常要到溫泉區才有類似的泡湯環境。泡在大浴池裡，溫熱的水讓旅途的疲憊得到舒緩，再也沒有比這個更棒的享受了。旅行中除了走跟看，能夠好好休息，讓自己能夠儲備更多的體能，才是重要的，沒有睡好，疲累很快就會爬上來，讓人倍感艱辛，那就不好玩了。

住在這類的旅館有個好處就是離車站很近，不用五分鐘的路程即可抵達車站，而且價格超優惠，如果多住些天數還有特別的折扣，有些民宿還提供自行車當代步工具，可以減緩很多步行的疲累，騎自行車既能節省時間又能健身，穿梭在大街小巷之中，真的是十分方便。

民宿裡也提供很多附近店家的資訊，甚至優惠的折扣，像我曾住過的那間「だいや」旅館，附近就有好些燒烤名店，走了一整天，然後坐下來好好享受烤肉的安撫，整個精神與肉體都得到大大的滿足。

怎麼到旅館通

大眾運輸

- 在 JR「京都」站出站，沿著右前方，徒步 5 分鐘即可看到旅館通。

旅館搜尋網站

Agoda: https://www.agoda.com
Hotels: https://www.hotels.com
Trivago: https://www.trivago.com.tw

美食餐廳地圖

食べログ : https://tabelog.com/tw/kyoto/

國家圖書館出版品預行編目資料

京都四神遊 / 葉育青著
-- 初版 -- 臺北市：瑞蘭國際 , 2018.04
224 面；17×23 公分 --（PLAY 達人；08）
ISBN：978-986-96207-2-7（平裝）

1. 旅遊 2. 日本京都市

731.75219　　　　107004695

PLAY 達人系列 08

京都四神遊

作者｜葉育青
責任編輯｜林珊玉、王愿琦、葉仲芸
校對｜葉育青、林珊玉、王愿琦

視覺設計｜劉麗雪

董事長｜張暖彗・社長兼總編輯｜王愿琦
編輯部
副總編輯｜葉仲芸・副主編｜潘治婷・文字編輯｜林珊玉・特約文字編輯｜楊嘉怡
設計部主任｜余佳憓・美術編輯｜陳如琪
業務部
副理｜楊米琪・組長｜林湲洵・專員｜張毓庭

法律顧問｜海灣國際法律事務所　呂錦峯律師

出版社｜瑞蘭國際有限公司・地址｜台北市大安區安和路一段 104 號 7 樓之 1
電話｜(02)2700-4625・傳真｜(02)2700-4622・訂購專線｜(02)2700-4625
劃撥帳號｜19914152 瑞蘭國際有限公司・瑞蘭國際網路書城｜www.genki-japan.com.tw

總經銷｜聯合發行股份有限公司
電話｜(02)2917-8022、2917-8042・傳真｜(02)2915-6275、2915-7212
印刷｜科億印刷股份有限公司
出版日期｜2018 年 04 月初版 1 刷・定價｜360 元・ISBN｜978-986-96207-2-7

瑞蘭國際